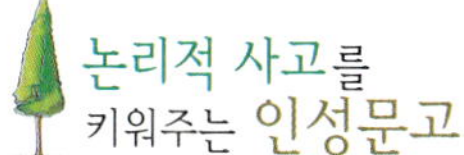



# 할아버지 하는 일은 틀림없어

글·홍기 외

청소년인성문고편찬회

## 생각해 봤니

네가 따뜻한 옷을 입을 때
떨고 있는 동무를 생각해 봤니.

네가 맛있는 걸 먹을 때
굶주리는 이웃을 생각해 봤니.

네가 즐겁고 행복할 때
괴롭고 슬픈 사람들을 생각해 봤니.

네가 차지한 양지의 두께만큼
그늘도 짙다는 걸 생각해 봤니.

김 종 상

# 거듭나기

사람과 동물이 다른 것은 예의가 있고 없고의 차이라고 합니다.

우리 나라 사람들은 예로부터 예의를 중요시해 왔어요. 사람 됨됨이, 즉 인성은 그 사람이 얼마나 예의를 아는가에 따라 달라져요.

요즘 들어서 점점 예의를 잃어 가는 것 같아요. 이유야 여러 가지이지만 외국 것들이 많이 들어온 탓 같아요. 예의는 민족의 정신과 함께 오랜 세월 지켜져 왔어요. 그런데 외국 것을 받아들이면서 우리의 예의를 잃어버린다는 것은 참으로 어리석은 일이지요.

생기 발랄한 여러분들에게 조상님들의 말씀은 고리타분할지 몰라요. 그러나 조상님들의 슬기와 경험을 잊는다면 모래 위에 집을 짓는 것과 같아요.

새로운 것도 받아들이고 옛것도 받아들이는 것이 좋아요.

이 책은 옛날 이야기부터 외국 동화, 우리 동화까지 골고루 넣어서 엮었어요. 여러분이 재미있게 읽는 가운데 사람 됨됨이를 배웠으면 좋겠어요.

이 책이 여러분 자신을 알고 고쳐 나가는 데 도움을 줄 거예요. 구슬이 많아도 꿰어야 보배라고 하잖아요? 아무리 좋은 내용으로 엮어졌다고 해도 내 것으로 만들지 않으면 소용 없어요. 이 책을 읽고 실천하여 거듭나세요.

지은이 씀

# 차례

# ✳ 이 책을 읽는 여러분에게 ✳

이 책을 읽을 때는

첫째, 등장 인물의 성격을 생각해 보세요. 인물의 성격은 그의 행동과 말에서 미루어 짐작할 수 있어요.

둘째는, 왜 인물이 그런 행동을 하게 되었는지 그 원인과 결과를 생각해 보는 거예요.

셋째는, 이 글을 통하여 우리가 배울 점이 무엇인가 생각해 보는 거죠.

넷째는, 그 배울 점을 나는 어떻게 실천할까 계획을 세워 보는 거예요.

이 책을 통해 우리 모두 아름답고 고운 마음씨를 키워 가도록 해요.

# 선 물

    내가 그 사탕 가게에 드나들게 된 것은 네 살 때였습니다. 가게 주인은 머리가 구름처럼 하얀 할아버지였습니다.

    엄마는 시내에 나가실 때 나를 데리고 가셨는데, 볼일을 다 보시면 나를 위해 사탕 가게에 들르셨습니다.

    '어떤 것이 맛있을까?'

    나는 길다란 유리 진열장을 뚫어지게 들여다보았습니다. 알록달록 색색의 사탕들이 여러 개의 유리병 속에서 내게 손짓을 하고 있었습니다.

'저걸 다 먹을 수 있으면 얼마나 좋을까……'

그러나 언제나 엄마는 몇 가지의 사탕만을 사 주시곤 했습니다.

그 때, 나는 너무 어려서 돈이라는 것을 알지 못했습니다. 그저 엄마가 할아버지에게 뭔가 주면 할아버지가 사탕을 준다는 것만 알았습니다.

어느 날, 나는 결심을 하였습니다. 시내에 있는 사탕 가게에 혼자 가 보기로 한 것입니다.

상당히 오랜 시간을 걸려 간신히 가게를 찾아갔습니다. 커다란 가게문을 열고 안으로 들어갔습니다. 문에 매달려 있던 방울이 울렸습니다. 그 방울 소리를 지금도 나는 또렷이 기억하고 있습니다. 나는 두근거리는 가슴으로 천천히 진열대 앞으로 걸어갔습니다.

박하 향기가 향긋한 납작한 박하 사탕, 설탕을 씌운 말랑말랑한 껌 드롭스, 조그만 알로 되어 있는 초콜릿 캔디, 입에 넣으면 흐뭇할 정도로 뺨이 불룩해지는 굵직한 눈깔사탕, 속에 땅콩이 들어 있는 반들반들하고 달콤한 사탕, 씹지 않고 먹으면 오랫동안 먹을 수 있는 감초 과자.

'이만하면 맛있게 먹겠지.'

나는 먹고 싶은 만큼 이것저것 골라 쌓아 놓았습니다.

할아버지가 내게 몸을 구부리며 물었습니다.

"너 이만큼 살 돈 가져왔니?"

"아, 그럼요."

나는 반짝이는 은박지에 정성스럽게 싼 여섯 개의 버찌씨를 내밀었습니다.

할아버지는 잠시 동안 자기 손바닥에 놓인 버찌씨를 바라보셨습니다. 그리고 나서 내 얼굴을 한참 동안 바라보셨습니다.

"모자라나요?"

나는 걱정스럽게 물었습니다.

할아버지는 살며시 한숨을 내쉬고는 대답했습니다.

"돈이 좀 남는 것 같다. 거슬러 줘야겠는데……."

할아버지는 구식 금고로 걸어가더니 '덜컹' 소리를 내며 문을 열었습니다. 그리고는 내게 돌아와 내 손바닥에 2센트의 돈을 떨어뜨렸습니다.

시내에 혼자 나간 것을 아신 엄마는 꾸지람하셨습니다. 나는 다시는 혼자 시내에 가지 않겠다고 엄마와 단단히 약속했고, 그 약속을 잘 지켰습니다.

빠르게 자라는 어린 시절이었습니다. 나는 사탕 가게 일을

까마득하게 잊어버렸습니다.

내가 예닐곱 살 때, 우리 집은 동부로 이사를 갔습니다. 거기서 나는 어른이 되었고 결혼도 하였습니다. 아내와 나는 외국에서 들여온 물고기를 길러 파는 장사를 시작했습니다. 그 때는 관상용으로 물고기를 사고 파는 사람들이 적었습니다.

물고기들은 아시아나 아프리카, 남아메리카 등지에서 직접 수입해 왔습니다. 그래서 물고기는 한 쌍에 5달러 이하짜리는 없을 정도로 비쌌습니다.

어느 화창한 오후, 여자 아이 하나가 제 오빠와 함께 가게에 들어왔습니다. 대여섯 살밖에 안 되어 보였습니다. 나는 바쁘게 수조를 닦고 있었습니다.

두 아이는 눈을 커다랗게 뜨고 수정같이 맑은 물 속을 헤엄치는 아름다운 열대어들을 바라보았습니다. 그러다가 남자 아이가 소리쳤습니다.

"정말 굉장해! 아저씨, 우리도 저거 살 수 있죠?"

"그럼."

나는 대답했습니다.

"돈만 있다면."

"예. 돈은 많아요."

여자 아이가 자신 만만하게 말했습니다.

그 말하는 폼이 어딘지 모르게 묘한 친근감을 주었습니다. 아이들은 얼마 동안 물고기를 살펴보더니 손가락으로 몇 가지 종류의 물고기를 가리켰습니다.

"한 쌍씩 주세요."

나는 그들이 고른 것을 그물로 건져 휴대 용기에 담은 후, 들고 가기 좋도록 비닐 봉지에 담아 남자 아이에게 주었습니다. 그리고는,

"조심해서 들고 가야 한다."

하고 주의를 주었습니다.

남자 아이는 고개를 끄덕이며 제 누이 동생에게 말했습니다.

"네가 돈을 내."

나는 손을 내밀었습니다. 꼭 쥐어진 여자 아이의 주먹이 내게 다가왔을 때, 나는 앞으로 일어나게 될 사태를 정확하게 금방 알아챘습니다. 그 어린 여차 아이의 입에서 나올 말까지도. 여자 아이는 쥐었던 주먹을 펴고 내 손바닥에 5센트짜리 두 개와 10센트짜리 한 개를 쏟아 놓았습니다.

그 순간 나는 먼 옛날, 사탕 가게 할아버지가 내게 물려주었던 아름다운 추억으로 온몸이 떨려 옴을 느꼈습니다. 나는

그제서야 비로소 지난날 내가 할아버지에게 안겨 준 어려움이 어떤 것이었나를 알았습니다. 그리고 할아버지가 얼마나 멋진 해결을 했던가를 알아채게 되었습니다.

손바닥에 놓인 동전을 보고 있으니, 그 사탕 가게에 서 있는 기분이 들었습니다. 나는 그 옛날 할아버지가 그랬던 것처럼 두 아이의 순진함을 보존해 주어야 한다는 생각이 들었습니다. 그 날의 추억이 너무나도 가슴에 넘쳐, 나는 목이 메었습니다. 여자 아이는 기대에 찬 얼굴로 내 앞에 서 있었습니다.

"모자라나요?"

여자 아이는 작은 목소리로 물었습니다.

"돈이 좀 남는걸."

나는 목이 메는 것을 간신히 참으며 말했습니다.

"거슬러 줄게."

나는 금고 서랍을 뒤져 가지고, 여자 아이가 내민 손바닥 위에 2센트를 놓아 주었습니다. 그리고 나서, 자기들의 보물을 소중하게 들고 길을 걸어가고 있는 두 아이의 모습을 문간에서 지켜 보았습니다.

내가 가게 안으로 들어오니까 아내가 물었습니다.

"무슨 까닭인지 말씀해 보세요. 물고기를 얼마나 주셨는지 알기나 하세요?"

"한 삼십 달러어치는 주었지. 하지만 나는 그렇게 할 수밖에 없었어."

나는 아직도 목이 멘 채로 대답했습니다. 내가 사탕 가게 할아버지 이야기를 끝맞쳤을 때 아내의 두 눈은 젖어 있었습니다.

"나는 아직도 그 껌 드롭스 냄새가 생각나."

나는 한숨을 쉬었습니다. 어디선가 사탕 가게 할아버지의 웃음소리가 들려 오는 듯했습니다.

💙 사탕 가게 할아버지에게 받은 것을 어린 남매에게 베푼 것도 보은이라고 할 수 있을까요?

우리는 살아가면서 많은 사람에게 은혜를 입게 됩니다. 그 은혜에 감사하며 갚아 나갈 수 있도록 노력해야 합니다.

어머니의 고마움을 모르는 아이

괜히 강아지 보기조차 멋쩍었습니다.

# 푸른 탑

아메리카의 어떤 시골에 부자 노인이 있었습니다. 그의 집 후원에는 하늘을 꿰뚫을 듯한 높다란 탑이 있었습니다.

그 탑의 지붕과 창문은 모두 푸른색이었습니다. 사람들은 이 탑을 '푸른 탑'이라고 불렀습니다.

노인은 언제나 이 탑에 올라가서 눈 아래 보이는 마을을 내려다보는 것을 즐거움으로 삼았습니다.

노인에게는 눈먼 자식 한 명 없고, 형제 친척 한 사람 없었습니다. 외롭고 쓸쓸하게 살면서 노인은 자기의 많은 재산을 누구에게 물려줄까 하고 항상 걱정했습니다.

　'재산을 물려줄 만큼 맘에 드는 사람이 없으니, 이 많은 재산을 누굴 주나? 내가 평생 동안 번 돈을 누군가 현명한 사람에게 주고 싶은데…….'

　재산 물려줄 사람을 정하지도 못했는데, 어느 해 정월 노인은 그만 세상을 떠나고 말았습니다.

　노인의 재산을 부러워하고 탐내던 마을 사람들이 노인이 죽었다는 말을 듣고 몰려왔습니다.

　노인의 베개 밑에서 단단히 봉해진 유언장이 발견되었습니다.

　경찰이 보는 앞에서 유언장이 개봉되었습니다.

　마을 사람들은 그 유언장 속에, 자신에게 노인이 재산을 다 주겠다는 유언이 들어 있기를 바라며 가슴을 조였습니다.

　마침내 유언이 발표되었는데 참으로 뜻밖의 내용이었습니다.

　"정월 중 일기가 청명한 날, 볕이 쨍쨍 비치는 오후 세 시쯤에 푸른 탑 지붕을 뚫어 보시오. 거기에 내 재산을 주겠다는 증서가 들어 있을 것입니다. 그 증서를 찾아 내는 사람에게 내 재산을 다 주겠소."

　귀를 기울여 듣고 있던 마을 사람들은 기뻐 날뛰며 창 밖으로 보이는 푸른 탑을 노려보았습니다.

노인의 장례를 어떻게 치를까 생각하는 사람은 하나도 없었습니다. 사람들은 어떡하면 그 증서를 자기가 먼저 찾을까 하는 생각에 푸른 탑으로 몰려갔습니다.

간밤에 온 눈으로 세상은 하얗게 덮여 있었습니다. 쌓인 눈 위에서 햇빛이 눈부시게 빛났습니다.

푸른 탑으로 몰려가는 사람들 틈에 한 소년이 끼여 있었습니다. 그 소년은 가난한 집 아이였지만 천성이 정직하고 영리하였습니다. 소년의 맑고 커다란 눈동자는 언제나 초롱초롱 빛났습니다.

소년은 사람들 틈에서 곰곰이 생각하며 걸었습니다. 그러다가 옆 사람에게 물었습니다.

"정말 증서가 저 탑 꼭대기에 있을까요?"

"아무려면 유언장에 거짓말을 썼겠어?"

그 사람은 별소리를 다한다는 듯 소년을 쳐다보고는 급한 발걸음으로 탑을 향해 갔습니다.

푸른 탑에 다다른 마을 사람들은 다시 한 번 탑의 지붕을 올려다보았습니다. 반원형 탑의 지붕에 작은 비둘기 한 마리가 앉아 있는 것이 보였습니다.

사람들은 비둘기를 부러워하였습니다. 저 비둘기처럼 혼자 지붕에 올라가, 다른 사람들이 증서를 찾기 전에 누구보다 내가 먼저 찾아야겠다는 욕심이 저마다의 마음 속에서 불처럼 일어났습니다.

사람들은 탑문을 걷어차서 열어 젖히고 안으로 들어갔습니다. 서로 떠다밀며, 앞의 사람을 붙잡아 밀치며 허둥지둥 올라가는 모습이 살벌했습니다.

소년은 맨 나중에 탑 지붕에 도착하였습니다. 소년이 탑의 지붕에 올라갔을 때 마을 사람들은 눈이 뒤집혀 기왓장을 한 장씩 벗기고 있었습니다.

얼마 안 되어 지붕의 기왓장이 반이나 벗겨지고 아래에 널 조각이 드러났습니다. 그렇지만 아직도 그 증서를 찾은 사람은 없었습니다.

소년은 묵묵히 서서 사람들이 증서 찾기에 혈안이 된 모습을 바라보았습니다.

그러다가 소년은 고개를 갸웃거리며 혼자 생각했습니다.

'그 증서가 과연 여기에 있을까? 이 사람들은 손과 발에 상저가 나는 것노 놀아보지 않고 승서를 찾으려 애쓰지만, 나는 웬일인지 그 유언에 어떤 수수께끼가 숨어 있는 것 같아.'

기왓장을 완전히 뜯어 내고 그 밑의 널조각까지도 깨뜨려 보았습니다. 하지만 증서는커녕 종이 조각 하나 없었습니다.

사람들은 지치고 화가 났습니다.

"그 노인이 이런 거짓말을 할 줄은 몰랐어. 노인은 분명 지옥에 갈 거야."

사람들은 분에 못 이겨 투덜거리며, 무릎과 머리에 묻은 먼지를 털면서 집으로 돌아갔습니다.

소년은 혼자 우두커니 서 있었습니다. 눈에 보이는 산과 들, 마을이 모두 눈에 덮여 있었습니다.

그 은빛으로 빛나는 눈 위에 푸른 탑의 검은 그림자가 길게 누워 있었습니다.

소년은 기다란 탑의 그림자 끝을 무심히 바라보다가 별안간 무슨 좋은 꾀가 생각났는지 얼굴 가득 웃음을 띠며 고개를 끄덕였습니다.

소년은 단숨에 탑에서 내려와 집으로 달려갔습니다. 집에 가서 삽과 괭이를 가지고 나왔습니다.

소년은 탑의 그림자를 따라 가만가만 걸었습니다. 그림자는 잔디밭을 지나고 연못을 지나 언덕을 넘어 저 편 들 한가운데로 길게 뻗어 있었습니다.

해는 서산에 기울고 차가운 북풍이 모질게 불어와 얼굴을 때렸습니다.

소년은 무릎까지 푹푹 빠지는 눈을 헤치고 그림자 맨끝에 다다랐습니다. 소년은 고개를 돌려 푸른 탑을 바라보았습니다.

허물 벗겨진 임자 잃은 푸른 탑이 석양의 옅은 빛을 받으면서 무어라 하소연하는 것처럼 보였습니다.

푸른 탑의 주인이었던 노인이 창에 의지하고 서서,

'옳다, 옳아. 거기다. 어서 파 보아라.'

하는 듯했습니다.

💙 소년과 마을 사람들의 다른 점을 말해 보세요.

소년은 괭이로 눈 위에 비친 그림자의 탑 지붕 모양대로 줄을 그었습니다.  눈을 거두어 낸 다음에는 괭이를 들고 꽝꽝 그 자리를 팠습니다.

눈이 녹아서 축축했기 때문에 그리 힘들지는 않았습니다. 점점 깊이 땅을 파 내려가자 괭이 끝에서 무엇인가 '까칫' 하고 닿는 것이 있었습니다. 소년은 좀더 조심스럽게 흙을 헤쳐 가며 땅을 파 내려갔습니다.

가만가만 파 보니 궤짝이 하나 들어 있었습니다.

소년은 떨리는 마음으로 궤짝을 열어 보았습니다. 아니나 다를까 거기에는 노인의 재산을 모두 주겠다는 증서가 들어 있었습니다.

소년의 기쁨은 이루 표현할 수가 없었습니다. 소년은 노인의 재산을 다 물려받게 되었습니다. 소년은 노인의 장례를 정성스럽게 치렀습니다. 그리고는 푸른 탑을 전처럼 완벽하게 수리하였습니다.

소년은 거기에서 행복하게 살았습니다.

💙 뒷이야기를 꾸며 보세요.

우리가 일할 때에는 온갖 정성과 노력을 기울여야 합니다, 그래야만 자신이 바란 대로 훌륭한 일을 해낼 수 있는 것입니다,

도대체 그 여자 아이한테 어떤 성의를 보였는가 묻고 싶습니다.

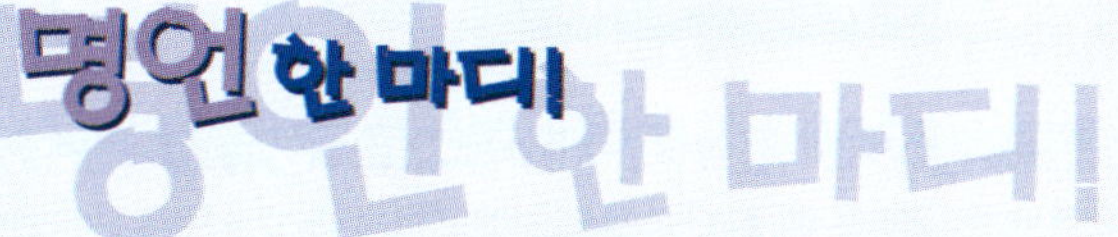

# 명언 한 마디!

**천리마는 항상 있지만 그것을 찾아 내는 사람은 항상 있는 것이 아니다.**

- 한유 -

똑같은 기회와 여건이 갖추어져 있다 해도 일을 대하는 자세에 따라 그 결과는 각기 다릅니다. 실패하는 사람이 있는가 하면 성공의 기쁨을 누리는 사람이 있습니다. 그렇다고 무조건 노력만 하면 성공하는 것도 아닙니다. 지혜의 바탕 위에 노력을 쌓아야 합니다. 이 지혜를 키우는 지름길은 공부입니다. 그러므로 우리는 열심히 공부하는 데 게을리하지 말아야 하겠습니다.

# 박 호방의 거짓말

경상도 경산 고을 관아에 호방 벼슬을 하는 박씨가 살고 있었습니다.

박 호방은 욕심이 없고 관아의 일을 처리하는 데 있어 아주 공정한 사람이었습니다. 그러나 지나치게 술을 좋아하는 것이 흠이었습니다.

박 호방은 관아 일이 끝나면 거나하게 취해서야 집에 돌아왔습니다. 그 때문에 집안 살림은 부지깽이 하나 변변한 것이 없었습니다. 지붕의 이엉도 갈지 못해, 비만 오면 방바닥이

온통 물바다가 되었습니다.

박 호방은 아내에게 미안스러워 아침마다 약속했습니다.

"여보, 오늘부터 나는 술을 끊겠어요."

그러나 저녁에 돌아올 때는 언제나 술에 취해 있었습니다.

그 날도 잔뜩 취해서 집으로 돌아온 박 호방은, 미안한 생각에 아내에게 거짓말을 했습니다.

"오늘 한양에서 친구가 와서 술을 안 할 수가 없었어."

"잘 하셨어요. 모처럼 오셨는데 당연히 대접해야죠."

박 호방의 아내는 남편의 말이라면 팥으로 메주를 쑨다고 해도 믿을 만큼 착했습니다.

"한양에서 온 손님의 성함은 어떻게 되는지요?"

박 호방은 가슴이 뜨끔했으나 이왕 한 거짓말, 이름도 거짓으로 지어 냈습니다.

"으응, 유척기라고 나보다 두 살 아래지만 재주가 있는 사람이야. 과거에 급제만 하면 정승 판서는 문제 없을 사람이지."

"어쩜, 그런 친구분이 다 있으셨어요?"

아내는 존경하는 눈으로 박 호방을 쳐다보았습니다.

"내가 누군가? 이 고을에서 인품 있고 덕망 있기로 유명한 나 아닌가? 그 친구도 그걸 알지. 그 친구가 벼슬 자리에 오르기만 하면 나도 한 자리 하게 될 거야."

한 번 시작한 거짓말은 꼬리에 꼬리를 물고 자꾸만 불어났습니다.

유척기에 대하여 거짓말을 많이 하다 보니, 박 호방 자신도 그가 정말로 있는 사람같이 생각될 지경이었습니다.

"오늘도 그분과 같이 술을 드셨어요?"

하는 아내의 물음에,

"암, 유척기 그 친구랑 같이 마셨지. 그 친구 공부하다가 지치면 꼭 나를 찾거든. 나랑 술 마시면 시름이 없어진다나……."

박 호방은 언제나 거짓말을 했습니다.

박 호방의 아내는 본 적 없는 유척기가 아주 가깝고 친근하게 느껴졌습니다. 학식이 깊고 인품이 훌륭한 사람이 남편의 친구라는 사실이 마음 든든했습니다.

'유척기, 그 선비만 과거에 급제하면 우리 집안도 일어설 텐데…….'

그 다음 날 새벽부터 박 호방의 아내는 정화수를 떠 놓고 빌기 시작하였습니다.

"비나이다. 비나이다. 신령님께 비나이다. 한양에 사는 유척기 선비, 과거 급제하게 해 주소서. 유척기 선비는 우리 집

어른과 절친한 친구입니다. 유척기 선비의 출세에 우리 집 운이 달려 있습니다.”

손바닥을 비비며 열심히 빌고 있는 아내를 보고 박 호방은 기가 막혔습니다.

'원 세상에! 있지도 않은 사람을 위하여 빌다니……. 거짓말한 내 잘못이지.'

박 호방은 아내에게 미안했지만, 거짓말을 그만둘 수는 없었습니다. 오히려 아내가 가여워서 유척기 이야기를 자꾸만 지어 냈습니다.

아내는 새벽마다 신령님께 유척기의 출세를 빌었습니다. 하루도 빠지지 않고 비는 동안 10년이라는 세월이 흘렀습니다.

어느 봄날, 한양을 나서는 선비 한 사람이 있었습니다. 차림새는 초라하였지만 그의 허리춤에는 마패가 숨겨져 있었습니다.

그는 유척기라는 이름의 선비였습니다. 우연히도 이번 과거에 장원 급제하여 암행 어사가 되어, 경상도 지방으로 가는 중이었습니다.

'이제까지 해 온 공부를 바탕으로 어진 정치를 펴리라……. 백성의 마음은 곧 하늘의 마음이라 했겠다……. 백성의 어려

움을 헤아려 바로잡는 것이 하늘의 뜻을 이 땅에 펼치는 것이야.'

부지런히 발걸음을 재촉한 유척기는 이윽고 경상도 땅에 들어섰습니다.

유척기는 사람들이 많이 모인 곳에 가서 사람들의 사는 이야기를 들었습니다. 못된 관리가 백성들을 괴롭히지는 않나 살펴봤습니다.

어느덧 유척기는 경산 땅에 이르게 되었습니다. 이리저리 살펴보며 가던 유척기는, 다 쓰러져 가는 초가집 앞에서 발걸음을 멈추었습니다.

유척기는 이 집에서 하룻밤 묵을 생각으로 주인을 찾았습니다. 술이 취해 얼굴이 불그스름한 박 호방이 방 안에서 고개를 내밀었습니다.

"지나가는 나그네입니다. 하룻밤 쉬어 가게 해 주시면 감사하겠습니다."

박 호방은 선선히 들어오라고 했습니다.

이 때, 박 호방은 호방 자리도 잃고 매일같이 술타령만 하고 지냈습니다. 집안 살림은 더욱 어려워져 아침 먹고 점심 굶고 저녁을 걱정해야 했습니다. 이런 형편이면서도 사람

좋은 박 호방은 손님을 맞아들인 것입니다.

"드릴 것이 아무것도 없는데……."

박 호방의 아내는 미안해하며 멀건 보리죽 한 그릇을 유척기에게 내놓았습니다.

유척기는 그 동안 돌아다녔어도 이렇게 가난한 집은 처음이었습니다. 거기다가 옆에서 자는 박 호방에게서 고약한 술 냄새가 풍겨 와 잠을 잘 수가 없었습니다. 유척기는 자는 둥 마는 둥, 날이 새기만을 기다렸습니다. 그런데 새벽이 되자 밖에서 두런거리는 소리가 들려 왔습니다.

"비나이다. 비나이다. 한양에 사는 유척기 선비, 장원 급제

하여 암행 어사가 되게 해 주소서."

유척기는 자기 이름을 듣고는 벌떡 일어나 앉았습니다. 그리고 옆에서 자고 있던 박 호방을 흔들어 깨웠습니다.

"여보시오, 댁의 부인이 장원 급제하라고 비는 유척기란 사람은 대체 누구요?"

그러자 박 호방은 심드렁하게 대답했습니다.

"모르지요. 벌써 십 년째 저렇게 빌고 있다오."

유척기는 십 년이라는 말에 뒤통수를 얻어맞은 것만 같았습니다. 놀기 좋아해서 부모님 속을 썩이던 유척기가 마음을 잡고 공부를 시작한 것이 십 년 전 일이었기 때문입니다.

'내가 오늘 이렇게 된 것이 모두 내 노력인 줄 알았더니, 이제 보니 저 부인의 정성 덕택이었구나!'

유척기는 말없이 박 호방 집을 물러났습니다. 그리고 암행 어사 일을 마친 후 한양으로 올라갔습니다.

한양에 올라간 유척기는 임금님의 두터운 신임을 받아 높은 벼슬에 올랐습니다. 유척기는 경상 고을의 박 호방 부부를 잊지 않고 그들의 어려운 살림을 도왔습니다. 훗날 정승이 된 유척기는 박 호방 부부를 한양으로 불러 왔습니다. 그리고는 오래오래 이웃에 살면서 정답게 지냈다고 합니다.

💙 암행 어사 유척기의 성격을 말해 보세요.

# 확 신

무슨 일이든지 확실한 믿음이 서야 흔들리지 않습니다. '확신'은 어떤
일을 성취하는 데 가장 소중한 기둥이요 힘입니다.

뭔가 잘못 짚었군요. 처음부터 잘 살펴 봤어야 하는 건데……

# 말 한 마디에 뺨 한 대

"집에까지 누가 먼저 가나 내기 하자!"

"그러자. 지는 사람이 권총 내놓기다!"

두 아이가 추운 겨울 밤거리를 달려가고 있었습니다. 갑자기 추워진 탓인지 거리에는 사람들이 드물었습니다.

"콜라 마시고 가자. 저녁을 많이 먹었더니 목마르다."

명철이가 뛰던 발걸음을 멈췄습니다. 슈퍼 앞이었습니다.

"그러자."

준영이도 가쁜 숨을 내쉬면서 멈춰 섰습니다.

두 아이는 친구 생일 파티에 갔다 오는 길이었습니다. 케이크와 과자, 김밥 등을 많이 먹어 몹시 갈증이 났습니다.

두 아이는 슈퍼 안으로 들어갔습니다.

"콜라 주세요."

난로를 쬐고 있던 할아버지가 천천히 일어나 냉장고로 걸어갔습니다.

"야, 준영아!"

명철이는 외투 앞섶을 들어 보였습니다. 장난감 권총이 보였습니다. 준영이도 장난기가 발동해 눈을 찡긋하면서 제 주머니에 있는 장난감 권총을 꺼냈습니다.

냉장고에서 콜라를 꺼내 들고 돌아서던 할아버지가 그 권총을 보았습니다.

"이놈들!"

할아버지는 콜라병을 떨어뜨리며 소리를 버럭 질렀습니다. 놀란 것은 두 아이였습니다.

"이 나쁜 놈들!"

할아버지는 달려와 다짜고짜로 준영이 멱살을 잡았습니다.

"아악, 왜 이러세요?"

할아버지에게 멱살을 잡힌 준영이는 숨이 막혔습니다.

"할아버지, 왜 이러세요? 이 할아버지 미쳤나 봐."

명철이가 할아버지의 팔을 잡아당기며 소리쳤습니다. 밖에서 소란한 소리를 듣고, 젊은이 한 명이 슈퍼로 뛰어들어왔습니다.

"무슨 일예요, 무슨 일?"

할아버지가 멱살 잡았던 손을 풀었습니다.

준영이가 울면서 소리쳤습니다.

"이 할아버지가 미쳤어요. 미친 할아버지야."

"뭐야? 이런 나쁜 녀석 좀 봐. 어른에게 이게 무슨 말버릇이야?"

이번에는 청년이 준영이의 뺨을 때렸습니다. 옆에서 말리던 명철이를 청년이 밀어붙여 바닥에 나동그라졌습니다.

"경찰서에 전화 해. 이런 녀석들은 유치장에 잡아 넣어야 해."

할아버지는 고래고래 소리를 질렀습니다.

영문도 모르고 봉변을 당한 준영이는 기가 막혔습니다.

그 때, 마침 퇴근해서 집으로 오시던 준영이 아빠가 무슨 일인가 하고 슈퍼를 들여다보았습니다.

"아빠!"

준영이는 엉엉 울었습니다. 명철이도 진열장에 부딪힌 어깨를 만지며 울었습니다.

"무슨 일이야? 애들 왜 이러는 거예요?"

준영이 아빠는 아이들과 슈퍼 할아버지와 청년을 차례로 돌아보았습니다.

준영이가 울면서 설명을 하고 할아버지가 화난 목소리로 설명했습니다.

"너희들이 잘못했구나. 아무리 장난감 권총이라지만 그런 장난을 하면 못써. 사과 드려라."

이야기를 듣고 난 준영이 아빠가 두 아이를 야단쳤습니다. 두 아이는 고개를 숙여 사과했습니다.

"할아버지, 애들 장난인데 너무 심하셨어요."

준영이 아빠는 서운한 듯 할아버지께 말했습니다.

"어제 우리 슈퍼에 강도가 들었었어. 그런데 애들이 권총을 들고 있으니 내가 안 놀라게 됐어? 내가 너무 흥분했어. 미안하게 됐어."

할아버지는 가쁜 숨을 쉬면서 의자에 털썩 주저앉았습니다.

준영이 아빠는 청년을 바라보았습니다. 말렸어야 할 청년이 준영이를 때린 것이 못마땅한 얼굴이었습니다.

"난 잘못 없어요. 아버지보고 미쳤다고 하는데 아저씨 같으면

💙 젊은이가 준영이 뺨을 때린 이유는 무엇일까요?

화가 안 나요?"

청년은 슈퍼집 아들이었던 것입니다.

"죄송합니다. 제가 아들 교육을 잘못시켜서 그렇습니다. 죄송합니다."

청년의 이야기를 듣고 난 준영이 아빠는 몇 번이고 고개를 숙여 사과했습니다. 그리고는 깨진 콜라값을 내고 슈퍼를 나왔습니다.

"맞아도 싸다."

준영이 아빠는 겨울 바람보다 더 싸늘한 목소리로 말하였습니다.

"어른께 그런 예의 없는 말이 어딨어?"

준영이와 명철이는 고개를 푹 숙이고 걸었습니다. 생각 같아서는 쥐구멍에라도 들어가고 싶었습니다.

"잠깐 이야기 좀 하고 가자."

준영이 아빠는 길가에 있는 긴의자에 앉으셨습니다. 두 아이는 여전히 고개를 숙인 채 그 곁에 앉았습니다.

"옛날 공자님이 제자들을 거느리고 여행을 했을 때 일이다."

겨울 밤, 차가운 바람 속에서 준영이 아빠가 들려 준 이야기는 다음과 같았습니다.

♥ 관리가 잘못 생각한 점은 무엇입니까?

여행에 지친 공자님 일행은 나무 그늘 아래에서 잠시 쉬어 가게 되었습니다. 그들이 쉬는 동안 타고 온 말들이 남의 콩밭에 들어가 콩을 따 먹고 발로 짓밟아 콩밭을 엉망으로 만들었습니다.

화가 난 농부가 달려와 콩값을 물어 내라고 야단을 하였습니다. 그러나 공자님 일행은 콩값을 물어 줄 만한 돈이 없었습니다.

공자님이 자공을 시켜 농부에게 용서를 빌라고 했습니다. 자공은 농부를 찾아가 용서를 빌었지만 막무가내였습니다.

그 때, 제자 중 가장 어린 제자가 자공에게로 갔습니다.

"제가 용서를 빌겠습니다."

"소용 없어. 저 농부는 꽉 막힌 사람이야."

자공은 고개를 설레설레 흔들었습니다.

어린 제자는 농부에게 가 용서를 빌었습니다.

"농부님의 밭은 정말로 큽니다. 보아 하니 동쪽에서 서쪽까지 모두 농부님 것 같군요. 그러니 우리 말이 농부님 밭에 들어갈 수밖에 없지요. 밭을 망쳐 놓은 것은 우리 말의 잘못이지만, 저 밭만큼이나 넓으신 마음으로 이번 일을 용서해 주세요."

"당신은 앞서 왔던 사람보다 예의가 있는 사람이구려."

농부는 웃으며 공자님 일행을 용서해 주었습니다.


"이와 같이 말이란 하기 나름인데 너희들 둘은 오늘 크게 잘못했어."

준영이 아빠의 말에 두 아이는 조그만 소리로

'예' 하고 대답했습니다.

"하하하, 오늘 맞은 것은 수업료라고 생각하려무나."

'예절'은 아름다운 마음의 표현입니다. 우리는 예절을 통해서 사랑하고 존경하는 마음을 길러 가야 합니다.

# 명언 한 마디!

**입이란 재앙도 되고 행복도 되는 문턱이니 삼가지 않아서는 안 된다.**

- 박영 -

"말 한마디에 천 냥 빚 갚는다." 는 속담이 있습니다. 이는 말의 중요성을 일깨우는 말로 항상 우리가 염두에 두어야 할 말입니다. 모름지기 사람은 말과 행동을 신중히 하여야 행실이 올바르고 다른 사람에게 신뢰 있는 사람으로 인정받습니다. 언행이 가벼우면 아는 것이 아무리 많다 할지라도 모래 위의 집과 같이 경박한 사람으로 낙인 찍힐 수밖에 없습니다.

# 할아버지 하는 일은 틀림없어

어느 시골에 할아버지와 할머니가 살고 있었습니다. 할아버지와 할머니는 말을 한 마리 키우고 있었는데, 그 말이 집안에서는 별 쓸모가 없었습니다.

할아버지와 할머니는 의논을 하였습니다.

"여보, 저 말과 다른 것을 바꾸면 어떻겠소?"

"그야 영감님이 좋도록 하시구려. 오늘 장이 서니까 가지고 나가 보세요."

할아버지는 말을 타고 장터를 향해 갔습니다.

얼마 안 가 할아버지는 암소를 끌고 가는 사람을 만났습니다. 암소를 보니 문득 우유 생각이 났습니다.

'암소한테서 맛있는 우유를 많이 얻을 수 있을 거야.'

할아버지는 말과 암소를 바꾸었습니다. 이제 장에 갈 필요가 없었습니다.

'그래도 그냥 가면 서운하지. 장이나 한 바퀴 돌고 가야겠다.'

할아버지는 장을 향해 계속 걸어갔습니다.

얼마쯤 가다 할아버지는 양을 몰고 가는 사람을 만났습니다. 할아버지는 문득 자기 텃밭에 풀이 많은 것을 생각했습니다.

'저 양을 데려다가 풀을 뜯기면 얼마나 잘 먹을까? 그것만으로 먹이는 충분할 거야. 겨울에도 우리에 넣어 기르면 되니까 암소보다는 기르기가 편할 거야.'

"여보, 양 몰고 가는 양반, 그 양과 내 암소와 바꾸지 않겠소?"

"할아버지만 좋다면 바꾸죠."

그 사람은 얼른 양을 주고, 할아버지의 암소를 몰고 가 버렸습니다.

할아버지는 양을 몰고, 또 장을 향해 갔습니다.

얼마쯤 가다가 이번에는 거위를 안고 가는 아주머니를 만났습니다. 거위를 보자 문득 할머니가 언젠가 하던 이야기가 생각났습니다.

'우리 연못에는 아무것도 없어서 너무 쓸쓸해요. 거위라도 한 마리 있으면 좋을 텐데…….'

할아버지는 양을 거위와 바꾸었습니다.

할아버지는 거위를 안고 장에 도착하였습니다.

장에는 사람들이 많았습니다. 여기저기 구경을 하는데 어디선가 닭 우는 소리가 들려 왔습니다.

"꼬꼬댁 꼬꼬댁!"

'저렇게 야무지게 우는 닭 소리는 처음 듣네. 저 닭이 거위보다 더 나을 거야. 모이도 제가 찾아 먹으니까 모이값도 안 들고 말야.'

할아버지는 곧 닭 임자에게 찾아갔습니다. 닭 임자는 좋아라 하고 거위와 바꿔 주었습니다.

말을 끌고 와 바꾸고 바꾸다 보니, 닭 한 마리가 되고 말았습니다. 지친 할아버지는 잠깐 쉬기 위해 주막집으로 갔습니다.

그 때, 마침 주막집 주인이 커다란 자루 하나를 들고 나왔습니다.

"그 자루에 든 게 뭐예요?"

"썩은 사과예요. 돼지한테 주려고요."

"썩은 사과라고? 그것 참 굉장하구려. 그거 우리 할머니에게 보여 주고 싶은데……. 작년에 말이요, 우리 집 사과나무에 사과가 딱 한 개 열렸었거든. 그걸 따서 찬장 속에 두었는데 시간이 오래 되어, 그게 그만 폭삭 썩었단 말야. 그래도 우리 할머니는 '이 사과가 이래도 굉장한 거예요.' 하고 야단이었어요. 이렇게 많은 썩은 사과를 보면 할머니는 굉장하다는 말을 백 번도 더할 거예요. 그거 이 닭과 바꿉시다."

주인은 할아버지가 농담하는 줄 알았습니다. 그러나 할아버지가 자꾸만 조르자 썩은 사과를 닭과 바꾸어 주었습니다.

할아버지는 주막 안으로 들어갔습니다.

많은 사람들이 난로 주위에 둘러앉아 있었습니다. 그 속에는 주머니에 돈이 가득 들어 있는 부자도 있었습니다.

할아버지가 난로 옆에 앉은 후, 조금 있으니깐

"쉬 쉬 쉬……."

하는 소리가 났습니다.

모두들 무슨 소리인가 하고 할아버지를 쳐다보았습니다.

"아차, 내 자루에서 나는 소리군!"

할아버지는 사과 자루를 소중히 끌어당겼습니다.

"할아버지, 그 속에 무엇이 들어 있기에 그런 이상한 소리가 납니까?"

부자가 물었습니다.

"썩은 사과가 가득 들었다오."

"썩은 사과요?"

할아버지는 말 한 마리가 썩은 사과 한 자루로 된 까닭을 이야기했습니다.

"하하하 할아버지, 이젠 큰일나셨습니다. 집에 가면 할머니가 화를 내실 거예요."

"천만의 말씀. 우리 할머니는 언제나 '당신이 하는 일은 틀림없어요.' 한다오. 오늘 이야기를 들으면 할머니는 무척 기뻐할걸요."

"할아버지, 그럼 우리 내기 할까요? 만일 할아버지 말씀이 맞으면 내가 할아버지 몸무게만큼 돈을 드릴게요."

"그럽시다. 나는 나와 할머니, 그리고 이 썩은 사과 한 자루를 걸겠소."

이 재미있는 내기가 어떻게 끝나는지 알려고, 주막에 있던

♥ 부자는 왜 할아버지가 집에 가서 야단을 맞을 것이라고 생각했나요?

사람들도 마차를 타고 두 사람을 따라왔습니다.

할머니는 장에서 돌아온 할아버지를 반갑게 맞이했습니다.

"그래 말하고 무엇을 바꿔 오셨어요?"

"암소하고 바꿨지요."

"아이 참 잘하셨네요. 매일 맛있는 우유를 먹을 수 있겠네요."

"그런데 그 암소를 양하고 다시 바꿨어요."

"어머, 더 잘하셨어요. 양을 기르면 젖을 짜서 먹기도 하고, 털로 털실을 만들어 쓸 수 있잖아요?"

"그런데 다시 양을 거위와 바꿨다오."

“거위가 얼마나 맛있다고요. 어쩌면 당신은 내 마음을 그렇게도 잘 아세요?”

“이번에는 거위를 닭과 바꾸었소.”

“닭이 알을 낳고 그 알에서 병아리가 나오면 우리는 금방 부자가 될 거예요.”

“그런데 그 닭을 썩은 사과와 바꿔 왔다오.”

“어쩜어쩜…… 정말 잘하셨어요. 당신이 장에서 돌아오면 드리려고 음식을 만드는데 파가 없지 뭐예요. 그래서 옆집으로 얻으러 갔었어요. 그랬더니 그 집 여자가 ‘파가 뭡니까? 썩은 사과 하나도 없어요.’ 하잖아요? 이제 우리에게 이렇게 썩은 사과가 많이 생겼으니, 그 여자에게 좀 나누어 줄 수 있을 거예요. 얼마나 굉장한 일이어요. 참말 당신은 무슨 일이든지 잘 하세요.”

할머니는 입에 침이 마르도록 할아버지를 칭찬하였습니다.

이 광경을 본 부자는,

“내가 내기에는 졌지만 참으로 흐뭇한 모습입니다.”

하면서 할아버지에게 약속한 돈을 내주었습니다.

할아버지 집까지 따라왔던 많은 사람들은 모두 즐거운 마음으로 돌아갔습니다.

💙 할아버지와 할머니의 성격을 각각 말해 보세요.

사람은 서로 믿고 살아가야 합니다. 만약 서로 믿을 수 없다면 그 원인을 밝혀서 밝고 명랑한 사회를 이루어 나가도록 해야 합니다.

# 유선이의 숙제

유선이는 화를 불끈불끈 잘 냅니다. 그래서 학교에서는 선생님께, 집에서는 부모님께 주의를 많이 듣습니다.

오늘도 옆 짝이 지나가다 팔꿈치로 유선이를 치는 바람에 싸움이 일어났습니다.

"친구가 잘못해서 사과를 했으면 받아 줘야지 꼭 싸워야 했니? 유선이 네 마음이 넓었으면 싸우지도 않고 이렇게 선생님한테 혼나지도 않았을 거야."

선생님한테 혼나고 거기다가 숙제까지 받았습니다. '자제

력'에 대한 이야기를 두 가지만 공책에 적어 오라는 숙제였습니다.

"책에서 찾든지 다른 사람에게서 이야기를 듣고 적어 오든지 그건 네 마음대로 해."

유선이는 집에 와서 옛날 이야기책을 뒤적거렸습니다. 부모님께 이야기해 달라고 하면 숙제야 금방 할 수 있겠지만, 친구와 싸웠다고 혼날지도 모릅니다.

이 책 저 책을 뒤져 이야기 두 편을 찾았습니다. 유선이는 그 이야기 두 편을 공책에 베꼈습니다.


## 첫 번째 이야기

성격이 급하고 화를 잘 내는(유선이같이) 선비가 있었습니다.

하루는 이 집에 스님 한 분이 탁발을 왔습니다. 쌀을 주었는데도 스님은 가지 않고 서서 걱정스러운 얼굴로 집안을 둘러보았습니다. 이상하게 생각한 선비의 부인이 물었습니다.

"무슨 일이신지요, 스님?"

"큰일입니다. 집안에 흉한 일이 생기겠어요. 사람이 죽어 나갈 것입니다."

스님의 말에 부인은 새파랗게 질렸습니다.

♥ 유선이는 어떤 성격인가요?

"스님, 그게 무슨 말씀이십니까?"

"집안에 나쁜 기운이 좌악 덮여 있어요."

스님은 안타까운 얼굴을 하였습니다.

"아이고 스님, 무슨 방책이 있으면 알려 주세요. 그 은혜는 평생 잊지 않겠습니다."

부인은 스님께 애걸을 했습니다.

"'참을 인(忍)' 자를 집안 여기저기에 써 붙여 놓으세요. 기둥이고 벽이고 많이 붙일수록 좋습니다."

스님이 돌아가자 부인은 집안 여기저기에 '참을 인(忍)' 자를 써 붙여 놓았습니다.

선비는 마침 여행을 떠나 집에 없었습니다.

부인은 남편도 없는데 낮에 스님에게 좋지 않은 이야기도 들었기 때문에 혼자 자기가 무서웠습니다. 그래서 친정 여동생을 불러 왔습니다.

"언니, 나 자기 전에 머리 좀 감았으면 좋겠어."

동생이 청했습니다.

"그러렴."

동생은 머리를 감고 긴 머리를 틀어 머리 한가운데에 묶었습니다.

"그게 뭐니? 꼭 남자 상투 같잖아?"

부인이 웃었습니다.

"뒤로 묶으면 잘 때 아프잖아? 언니 오랜만에 만났는데 그동안 지낸 이야기해 줘."

오랜만에 만난 부인과 친정 동생은 도란도란 이야기를 나누었습니다.

그 때, 마침 선비가 돌아왔습니다. 선비는 부인을 놀라게 해 줄 생각으로 소리없이 집안으로 들어왔습니다.

"아니? 저, 저런……"

방 안에서 사람 소리가 들려 오는데 그림자를 보니 하나는 부인의 모습이요, 하나는 상투를 튼 남자의 모습이었습니다.

'내가 여행을 간 사이 남자를 불러들이다니……'

선비는 너무 화가 나서 부엌에 들어가 칼을 들고 나왔습니다. 칼을 움켜쥐고 마루에 올라서는데 기둥에 붙어 있는 '참을 인(忍)' 자가 보였습니다. 선비는 마루로 올라섰습니다. 대청벽에 붙어 있는 '참을 인(忍)' 자가 보였습니다. 문을 열려고 하니 문에도 '참을 '인(忍)' 자가 붙어 있었습니다.

선비는 큰 숨을 들이쉬면서 칼을 내려놓았습니다. 그리고는 '어험' 기침 소리를 냈습니다.

"어머, 형부 오셨나 봐!"

방 안에서 어린 처제가 반갑게 뛰어나왔습니다.


## 두 번째 이야기

어느 날 아침, 징기즈칸은 사냥을 하기 위해 말을 타고 숲으로 나갔습니다. 그의 뒤에는 수많은 신하들이 따랐습니다.

징기즈칸 팔목에는 사랑하는 매가 앉아 있었습니다. 사냥할 때 쓰는 매입니다. 징기즈칸은 종일 사냥감을 찾아 달렸습니다. 그러나 잡은 짐승이 몇 마리 되지 않았습니다.

"곧 해가 질 테니 그만 돌아들 가자."

징기즈칸은 신하들에게 명령하고 지름길로 들어서서 달렸습니다. 너무 빨리 달린 탓인지 주위에는 신하 한 명 보이지 않고, 매도 어디 갔는지 없었습니다. 종일 말을 타고 달렸기 때문에 목이 몹시 말랐습니다.

"여기 어딘가에 샘이 있었는데……."

샘을 찾아보니 물이 바싹 말라 있었습니다.

징기즈칸은 물을 찾아 주위를 둘러보았습니다. 그러다가 바위 틈에서 한 방울 두 방울 떨어지는 물을 발견했습니다.

징기즈칸은 물잔을 꺼내 물을 받았습니다. 물잔이 가득 차

막 마시려고 하는데, 어디서 나타났는지 매가 물잔을 탁 치고 지나갔습니다. 물잔이 떨어지면서 물이 다 쏟아졌습니다.

화가 났지만 꾹 참고 물잔을 주워 다시 물을 받았습니다. 너무 갈증이 나 반쯤 찬 물을 마시려고 입에 대는데 매가 다시 나타나 물잔을 엎어 버렸습니다.

부글부글 끓어오르는 화를 참고 다시 물을 받았습니다. 매가 또다시 나타나 물잔을 엎어 버렸습니다.

"이런, 고얀 것이 있나? 내가 귀여워했더니 버릇이 아주 나빠졌구나!"

징기즈칸은 너무 화가 나서 세 번째 물잔을 채뜨리려는 매를 칼로 찔러 죽였습니다. 그러는 사이에 물잔까지 잃은 징기즈칸은 물줄기를 따라 바위 위로 올라갔습니다. 그 위에는 과연 고인 물이 있었습니다. 그 물이 바위 틈으로 한 방울 두 방울 떨어졌던 것입니다.

징기즈칸이 엎드려 물을 마시려다 보니, 물 속에 독사가 죽어 있는 것이 보였습니다. 물에 독사의 독이 퍼져 물고기와 개구리들이 죽어 있는 것도 보였습니다.

"아, 그래서 매가 물을 못 마시게 물잔을 엎어 버렸구나!"

징기즈칸은 아래로 내려가 죽은 매를 어루만지며 맹세했습니다.

"오늘 나는 쓰라린 교훈을 얻었다. 앞으로는 절대로 홧김에 결정을 내리지 않겠다."

두 이야기를 공책에 옮겨 쓰면서 유선이는 많은 생각을 하였습니다. 그리고 선생님이 이런 숙제를 낸 까닭이 무엇인가도 깨달았습니다.

💙 징기즈칸과 비슷한 실수를 한 일이 있으면 말해 보세요.

세상 일은 자기 욕심이나 감정대로만 되지 않습니다, 그러므로 욕망이나 감정을 잘 다스려서 올바르게 일을 해내는 마음가짐이 중요합니다,

# 명언 한 마디!

노여움과 어리석음은 나란히 걷는다. 그리고 회한이
양자의 발굽을 밟는다.　　　　　　　　－ 벤자민 프랭클린 －

노여움은 이성을 마비시키고, 그로 인해 마음에도 없는
엉뚱한 말을 하게 만듭니다. 올바른 판단이나 남을 생각
하는 마음도 없이 다른 사람의 감정을 상하게 만듭니다.
그리하여 시간이 흐른 뒤에 자신의 잘못을 사과하고 후회
하는 경우를 보게 됩니다. 그러므로 우리는 자신의 감정
을 스스로 억제할 수 있는 인내심을 길러야 하겠습니다.

# 현 지

추석이 다가옵니다. 경수는 추석이 다가와도 전처럼 즐겁지가 않습니다. 추석이면 시골에서 작은아버지네 가족이 올라오기 때문입니다.

명절이란 헤어져 사는 가족 친척들이 한자리에 모여 즐겁게 지내는 날인데, 경수는 작은아버지를 지독히도 싫어하는가 보죠? 천만의 말씀입니다. 경수는 작은아버지를 누구보다도 좋아합니다. 작은아버지가 총각 시절, 그러니까 삼촌 시절에 경수와 같은 방을 썼기 때문에 작은아버지와는 정이 두텁습니다.

삼촌은 결혼을 해서 작은아버지가 되었고, 예쁜 딸을 낳았습니다. 현지를 처음 보았을 때, 경수는 고 작은 입과 작은 손발을 보고는 홀딱 반했습니다.

"엄마, 애기 한 번 만져 봐도 돼?"

"안 돼. 아기는 병에 걸리기 쉽단 말야. 손 닦고 와."

손을 닦고 양치질을 하고 나서야 겨우 현지 손을 한 번 잡아 볼 수 있었습니다.

한 번 만져 보고 싶어서, 한 번 안아 보고 싶어서, 밖에 나가 놀지도 않고 지켜 보았던 경수입니다. 경수는 그렇게 현지를 좋아했습니다.

이제 현지 나이 3살. 지난 번 친척 결혼식에서 만난 현지는 괴물로 변해 있었습니다.

"경수야, 우리 현지 좀 봐 주련?"

작은엄마가 부탁하지 않았어도 경수는 현지를 데리고 놀 생각이었습니다. 주름이 많은 원피스를 입고 있는 현지는 꽃처럼 예뻤습니다. 나비 달린 구두를 신고, 뒤뚱뒤뚱 걸어다니는 모습이 너무나 귀여웠습니다.

"현지야, 현지야, 오빠가 업어 줄까?"

경수는 현지에게 등을 디밀었습니다. 현지가 납죽 그 가벼운 몸을 등에 대고 업힐 줄 알았습니다. 그런데 현지가 소리를 빽 지르는 것 아니겠습니까?

"시쩌(싫어)!"

놀라 돌아보니 현지는 뒤뚱거리며 예식장 안으로 뛰어가고 있었습니다.

"현지야, 어디 가?"

경수가 달려가 붙잡자, 현지는 놀라운 힘으로 버둥거리며 울기 시작했습니다.

"시쩌, 시쩌!"

울음소리에 사람들이 다 쳐다보았습니다. 경수는 창피해서 어쩔 줄을 몰랐습니다. 부르기만 하면 깨득깨득 웃으며 경수에게 안기던 그 귀여운 현지가 변한 것입니다.

경수가 추석을 기다리거나 말거나 추석은 바짝 다가왔고, 전날 작은아버지네 식구는 '딩동!' 하면서 현관 벨을 누르고 나타났습니다.

"어서들 오세요, 현지야 안녕!"

엄마가 반갑게 작은아버지 식구들을 맞이하는데 경수는 뒤에서 고개만 꾸벅했습니다.

♥ 경수는 왜 추석이 다가와도 즐겁지 않았나요?

잠시 후, 작은아버지는 친구들을 만나러 나가시고, 작은엄마와 엄마는 음식을 만들기 위해 주방으로 들어갔습니다.

거실에는 현지와 경수만 남았습니다.

"경수야, 현지 잘 봐라. 위험한 것 만지지 못하게 하고."

엄마가 주방에서 소리쳤습니다.

"예."

경수는 현지를 바라보았습니다. 현지도 말끄러미 경수를 바라보았습니다.

"현지야, 우리 비디오 볼까?"

10년이라는 세대 차이를 줄이기 위해 경수가 생각해 낸 아이디어입니다.

"응, 비디오."

현지도 좋다는 듯 고개를 크게 끄덕였습니다.

웅장한 음악과 함께 푸른 하늘을 정의의 로봇이 날아왔습니다. 그 뒤를 검은빛의 크고 흉측한 악당 로봇이 따라왔습니다.

"시쩌, 시쩌! 로버 시쩌! 공주, 공주……."

검은 로봇이 막 공격을 시작하려는데 현지가 고함을 질러 댔습니다.

"경수야, 현지 왜 그러니?"

금방 엄마의 목소리가 들려 오고 작은엄마 목소리가 뒤따라 들렸습니다.

"경수야, 작은엄마 가방에 '엄지 공주' 비디오 있어. 그것 보여 줘."

경수는 화가 나서 얼굴이 벌겋게 달아올랐지만 비디오를 바꿔 끼웠습니다.

"공주, 공주!"

현지는 텔레비전 앞에서 깡충깡충 뛰면서 좋아했습니다.

"난 시시해서 못 보겠다. 너만 세대 차이 느끼냐? 나도 느낀다."

경수가 제 방으로 들어가 1분도 채 안 되어, 무엇인가 깨지는 소리가 들려 오고 날카로운 현지의 울음소리가 들려 왔습니다.

뛰어나간 경수를 맞이한 것은 나무라는 듯한 엄마의 눈빛이었습니다. 텔레비전 옆에 세워 두었던 가족 사진 액자가 바닥에 떨어져 있었습니다.

"괜찮아, 우리 현지 호 —."

작은엄마는 현지를 안고 흔들어 주었습니다. 다친 데도 없는데 현지는 한참을 울었습니다.

"경수야, 우리 현지 아이스크림 사 주렴."

엄마가 돈을 주었습니다. 현지가 울음을 뚝 그쳤습니다.

“현지 아이스크림 좋아. 아이스크림 좋아.”

하면서 먼저 현관으로 달려갔습니다.

“현지에게서 눈 떼면 안 돼.”

엄마가 단단히 일렀습니다.

슈퍼에 가서 아이스크림을 사 들고 나올 때까지는 괜찮았습니다.

“현지 달리기 잘 해.”

갑자기 현지가 달리기 시작했습니다.

“안 돼!”

그 짧은 한 마디가 끝나기도 전에 현지는 넘어져 울음을 터뜨렸습니다. 아이스크림이 땅에 떨어지자 부지런한 개미들이

달려오는 중이었습니다.

"그것 봐. 넘어지잖아? 자, 이것 먹어."

경수는 제 아이스크림을 주고 현지를 달랬습니다.

"집에 가자."

"시쩌, 시쩌!"

현지는 다시 달아났습니다. 경수는 헉헉거리며, 아 추석이 빨리 지나갔으면 좋겠다고 생각했습니다.

추석 다음 날, 현지는 무릎과 팔꿈치에 뻘건 상처를 내가지고 시골로 내려갔습니다. 작은아버지 차가 아파트 모퉁이를 돌아가는 것을 보며, 경수는 현지 때문에 얼마나 어려웠는지 엄마한테 호소했습니다.

"현지만한 나이에 넌 더했어."

엄마가 경수의 팔짱을 끼면서 말하였습니다.

"그 나이가 그래. 혼자서 뭔가 하려는 나이지. 아주 작은 것이지만 제가 결정해 보고 싶어하지. 그래서 꼭 말 안 듣는 것처럼 보이는 거야."

"아하!"

엄마의 말씀을 들으며, 다음에 현지를 만나면 신경질 내지 말고 잘 보살펴 줘야겠다고 경수는 생각했습니다.

♥ 현지가 말썽부리는 것을 엄마는 어떻게 생각하고 계신가요?

자기의 일은 누가 시켜서가 아니라 스스로 알아서 해야 합니다. 그리고
끝까지 책임지고 해내는 의지를 가져야 합니다.

# 내 친구는 햄스터

선생님이 순아집에 가 보라고 하셨습니다. 가서 내일은 꼭 학교에 나오라고 전하라고 했습니다.

순아는 집에 혼자 있었습니다.

"왜 학교에 안 왔어? 선생님이 가 보라고 하셔서 왔어."

"나는 햄스터야. 그러니까 학교에 가지 않아도 돼."

입술을 달싹이며 조그만 소리로 순아가 말했습니다.

"햄스터?"

'꼬리는 짧지만 쥐처럼 생긴 동물 햄스터. 애가 병에 걸려도

단단히 걸린 모양이네.'

"얘, 학교 가기 싫어서 땡땡이쳤으면 그럴 듯한 핑계를 대라. 배가 아프다든가, 감기에 걸렸다든가……. 햄스터라서 학교에 안 간다는 것은 정말 웃긴다."

나는 이렇게 따지듯 말하는 것이 좋습니다.

"나 햄스터 같지 않아?"

"전혀 안 같아."

나는 순아를 살펴보았습니다.

세수 안 한 것이 틀림없는 얼굴과 깨알만한 눈곱이 붙어 있는 눈에, 짧은 머리는 여기저기 사방으로 뻗쳐 있어, 바라보기에 마음이 상했습니다.

'13살 새싹 같은 나이에 저런 끔찍한 모습으로 순아는 뭘 하고 있었담.'

집 안은 영화관처럼 어두웠습니다. 커튼을 쳐 놓아 6월의 밝은 햇빛을 막고 있으니 당연한 일이었습니다.

"햄스터는 어두운 것을 좋아해."

순아는 나지막한 목소리로 말했습니다.

"왜 그런 목소리로 말해? 무섭잖아?"

닭살 돋은 팔을 양 손으로 문지르며 불평했습니다.

"햄스터는 잘 놀래거든. 조용히 해야 해."

어둠을 익히며 나는 순아를 따라 그 아이 방으로 들어갔습니다. 햄스터 냄새가 골닥골닥 났습니다.

순아 책상 위에 햄스터 사육장이 놓여 있었습니다. 우리가 들어오는 소리에 놀란 듯 사육장 안에 있던 두 마리의 햄스터가 두 발로 선 채 죽은 척 움직이지 않았습니다.

그 모습에 나는 푹 웃음을 터뜨렸습니다.

"자기 몸을 보호하기 위해 죽은 척하는 거야. 얼마나 영리하니?"

우리가 조용히 있자, 햄스터들은 수염을 움직여 무엇인가 이야기를 주고받더니 움직이기 시작했습니다. 순아는 꼼짝 않고 사육장을 들여다보았습니다.

"너, 아주 햄스터에게 빠졌구나. 그래도 햄스터는 햄스터고 사람은 사람이야."

어떤 큰 스님을 흉내낸 것은 아니지만 이야기해 놓고 나니 참 근사한 말같이 생각됐습니다.

"난 햄스터야. 나도 재돌처럼 다정한 친구가 있었어."

순아는 한숨을 내쉬듯 말했습니다. 순아는 두 달 전에 전학을 왔습니다.

"시골 친구들 말이구나."

측은한 생각이 들었습니다. 전학 온 뒤 친구들과 어울리지 못한 순아입니다. 짝인 나도 다정하게 말한 기억이 없으니 다른 애들이야 오죽했겠어요?

"시골에 있을 때는 산과 들로 뛰어다녔는데. 지금은 햄스터처럼 갇혀 있어."

순아의 말에 코끝이 찡했습니다.

'순아가 참 많이 외로웠구나.'

"삐리릭 삐리릭."

삐삐가 울렸습니다. 엄마의 호출이었습니다.

"엄마야. 전화 좀 쓰자."

순아가 거실에 있는 전화기 쪽으로 나를 안내했습니다.

"엄마? 응, 나 친구네 있어. 곧 갈게."

전화를 끊고 가방을 가지러 순아 방에 들어가던 나는 비명을 지르며 펄쩍 뛰었습니다. 햄스터 한 마리가 사육장을 나와 도망치는 중이었습니다. 사육장 지붕을 통해 책상 위로 나온 햄스터는 내 비명 소리에 침대로 곤두박질쳐 내려왔습니다.

순아가 달려왔습니다. 햄스터는 침대 밑으로 들어갔는지 눈 깜짝할 사이에 모습이 보이지 않았습니다.

💙 순아는 왜 자신을 햄스터라고 생각했나요?

“문 닫아, 문 닫아!”

순아가 고함을 질렀습니다. 느리고 약해 빠진 목소리만 내던 순아에게서 그런 소리가 나온다는 것이 놀라웠습니다.

“엄마야!”

햄스터가 책상 뒤에서 나와 내 발을 치며 달아났습니다.

“침대 밑을 막아, 막아!”

순아가 윗도리를 벗어 내게 던졌습니다. 바지도 벗어 던졌습니다. 속옷 바람의 순아는 책상 옆으로 간 햄스터가 침대 쪽으로 못 가도록 지켰습니다.

나는 그 아이의 옷을 길게 접어 침대 아래 틈을 막았습니다.

“다 막았니?”

“어림도 없어.”

“네 옷을 벗어서 막아.”

“뭐야?”

“어, 어. 햄스터가 그 쪽으로 가려고 해.”

나는 후닥닥 웃옷을 벗어 침대 밑을 막았습니다. 스커트도 벗어서 막았습니다.

우리는 햄스터를 쫓아 이리 뛰고 저리 뛰며 난리를 쳤습니다. 햄스터에게 달려들다가 순아와 내 머리가 부딪치기도

♥ 너무나 외로워서 동물이나 인형하고만 놀았던 경험이 있으면 말해 보세요.

하였습니다. 30분 넘게 승강이를 벌이다가 겨우 잡을 수가 있었습니다.

우리는 주섬주섬 옷을 입었습니다. 갑자기 쑥스럽고 멋쩍어져서 서로를 외면한 채 입었습니다.

"너 아직도 햄스터가 부럽니?"

"햄스터도 행복하지만은 않은가 봐."

"갇혀 있는 모든 것들은 자유를 그리워하는 거야."

내 말에 순아는 가만히 고개를 끄덕였습니다.

"내일은 학교에 오는 거지?"

책가방을 집어 들며 순아에게 다짐을 받으려고 물었습니다.

순아는 다시 힘없고 나른한 목소리가 되어 대답했습니다.

"내가 햄스터보다 낫다고 생각하면 갈게."

한숨이 절로 나왔습니다.

"네가 햄스터보다 낫다고 생각하려면 뭐가 필요한데?"

"친구."

"친구? 넌 아직도 내가 네 친구라고 생각하지 않니? 속옷 차림에 같이 햄스터를 잡으려고 이리 뛰고 저리 뛰었으면 친구 아냐? 그것 가지고 부족해?"

내가 따지고 들자 순아는 말없이 두 눈만 깜박였습니다.

우리는 똑같은 순간에 갑자기 웃음을 터뜨렸습니다. 한번 터진 웃음은 그치지 않고 점점 심해져 우리는 방바닥에 주저 앉고 말았습니다.

속옷 차림에 햄스터를 쫓던 서로의 모습을 이야기하면서 웃고 또 웃고, 기운이 빠지고 배가 아파서 도저히 더 웃을 수 없을 때까지 우리는 웃었습니다.

💙 '나'는 선생님의 심부름을 충분히 했다고 생각하 나요?

# 책 임

자기가 하는 일은 깨끗이 마무리짓고, 또 잘못이 일어나지 않도록 해야 합니다. 따라서 일할 때는 틀림없도록 힘써야 합니다.

# 명언 한 마디!

**열매를 맺지 않는 꽃은 심지 말고, 의리 없는 벗은 사귀지 말라.**

- 명심보감 -

꽃이 열매를 맺지 않으면 쓸모가 없습니다. 마찬가지로 의리를 모르는 친구 역시 쓸모가 없습니다. 의리 없는 친구란 신의를 지키지 않고 배신하는 친구입니다. 이런 친구라면 언젠가는 해를 입을 수도 있습니다. 그러므로 신의 없는 친구가 되지도 말고, 신의 없는 친구는 가까이 하지 말아야 합니다.

# 마도의 신

"네가 가져갔지?"

"아냐, 안 가져갔어."

갑자기 영아 방에서 찌그럭짜그럭 심상치 않은 목소리가 들려왔습니다.

"쟤들 또 싸우는 것 아니요?"

"그냥 놔 두세요. 매일 저러는데요 뭘."

엄마는 사과를 깎으며 이마를 찌푸렸습니다.

"애들이란 싸우면서 큰다고 하지만, 영아와 순아는 너무 자주 싸우는 것 같아."

아빠는 아이들 방에 신경쓰며 혼자 중얼거렸습니다.

"영아는 언니면서 동생을 감싸 주는 넓은 마음이 없어요. 그러니 매일같이 저러죠. 3살 차이나 되는데도 저렇게 싸우니……."

"순아는?"

"순아는 덜렁이라서 제 언니가 깔끔하게 정리한 것들을 만지고 흐트러 놓아요. 그래서 싸움이 되는 거예요. 오늘은 또 뭣 때문에 저러는지 모르죠."

아빠는 영아의 방을 향해 소리쳤습니다.

"애들아, 나와서 사과 먹어라!"

순아가 통통 부은 얼굴로 쿵쿵 발소리 사납게 나왔습니다.

"언니는?"

"몰라요!"

"순아야, 왜 언니와 싸웠니?"

"내가 안 가져갔는데도 자꾸만 내가 언니 인형을 가져갔다고 하잖아요? 언니는 신경질쟁이야. 아빠, 큰 집으로 이사 가서 내 방도 하나 주세요."

아빠는 빙긋이 웃는 얼굴로 사과 한 쪽을 집어 동생 순아에게 주었습니다.

"각각 방을 쓰면 안 싸우겠니? 언니는 자기가 용돈 아껴 산 인형을 네가 함부로 만지니깐 그게 싫은 거야."

사과를 다 먹을 때까지 영아는 끝내 제 방에서 나오지 않았습니다.

잠자리에 들기 전, 아빠는 영아 방에 갔습니다. 순아는 벌써 잠이 들고 영아는 일기를 쓰고 있었습니다. 아빠는 영아 곁에 앉아 부드러운 목소리로 말했습니다.

"우리 영아는 예쁘고 깔끔하고 다 좋은데, 동생을 너그럽게 대하는 태도가 부족해. 마음이 좁고 화를 잘 내면 실수가 많게 되는 거야."

영아는 고개를 푹 숙이고 앉아 말이 없었습니다.

아까 영아는 대통령 얼굴 인형이 없어져서 순아를 야단쳤습니다. 그런데 책가방을 싸다 보니 인형이 책가방 속에 들어 있었습니다. 내일 학교에 가서 친구들에게 보여 주려고 자신이 넣고는 깜박 잊은 것입니다. 그런데도 영아는 순아에게 사과하지 않았던 것입니다.

"우리 영아에게 아빠가 재미있는 이야기를 해 줄까?"

아빠는 영아의 어깨를 토닥이며 이야기를 시작했습니다.

💙 영아와 순아가 항상 다투는 이유는 무엇일까요?

“옛날, 옛날에…….”

옛날 중국에 마도라는 사람과 화웅이라는 사람이 살고 있었다.

두 사람은 벼슬 높은 관리로 있으면서 친한 사이였다. 친한 친구 사이였지만 마도는 사람들에게 친절했다. 마도와 달리 화웅은 작은 일에도 푸르륵 화를 잘 냈다.

“마음을 너그럽게 갖도록 노력해 보게나.”

마도는 충고했지만 화웅은 듣지 않았다.

어느 날, 마도는 새로 산 가죽신을 신고 화웅을 찾아갔다.

“그간 잘 있었나?”

“어서 오게나.”

두 사람은 반갑게 인사를 주고받았다. 그 때, 화웅의 눈길이 마도의 신에 가 닿았다. 화웅이 물었다.

“아니, 자네 신과 내 신이 똑같네그려. 그래, 그 신발 얼마 주고 샀나?”

“900문 주었네.”

‘문’이란 그 당시 중국의 화폐 단위이다.

“뭐라고? 900문 주고 샀다고?”

화웅이 깜짝 놀라자 마도는 한쪽 발을 번쩍 쳐들고 자랑스럽게 말했다.

"그렇다네. 자 보게, 얼마나 멋있나? 900문짜리가 충분히 되
고도 남지?"

"틀림없이 900문 주고 샀나?"

그 말이 떨어지자 화응의 얼굴은 느닷없이 붉으락푸르락
난리였다.

"그렇다니깐. 틀림없이 900문 주고 샀다니깐."

화응은 소리를 질러 자기 신을 사 가지고 왔던 하인을 불렀다.

"네 이노옴!"

♥ 마도의 성격과 화응의 성격을 각각 말해 봅시다.

화응은 다짜고짜 호통을 쳤다.

"왜 그러십니까, 나리?"

하인은 어리둥절한 얼굴로 화응을 쳐다보았다.

"네 이놈! 감히 나를 속이려 드느냐?"

"속이다니, 그게 무슨 말씀이십니까?"

"네 이노옴! 나를 속이고도 시치미를 떼려 하느냐? 여기 계신 마공께서는 나랑 똑같은 신을 900문에 사셨다는데, 너는 어찌하여 1800문이나 주고 사 왔느냐? 당장 그 이유를 말하거라."

"아니옵니다. 분명히 1800문에 사 왔습니다. 의심나시면 신 가게에 저와 함께 가 보시기 바랍니다."

"어허, 그래도 거짓말을 하느냐?"

화응의 호령에 주인의 성질을 아는 하인은 얼굴이 새파랗게 변하면서 와들와들 떨기 시작했다.

이 때, 옆에서 화응의 태도를 보고 있던 마도가 혀를 찼다.

"화응, 진정하게. 자네는 아직도 그 급한 성격을 고치지 못했네그려."

"그게 무슨 말인가?"

"이 사람아, 왜 죄 없는 하인을 야단치는가? 1800문을 주고

신을 산 것은 틀림없네. 나도 1800문에 샀으니깐 말이야."

마도의 말에 화응은 당황하였다.

"아니, 자네가 900문 주고 샀다고 방금 전에 분명히 말하지 않았는가?"

"나는 한쪽 발을 들어 보이며 900문이라고 했네. 한쪽이 900문이면 양쪽 신값을 합해서 1800문 아닌가?"

화응은 그 때서야 자기가 너무 성급했다는 것을 깨닫고 무안해졌다.

하인이 물러간 뒤 마도는 말했다.

"급한 성질을 버리게. 그리고 아랫사람을 너그럽게 대하게. 그러면 자네는 좀더 높은 벼슬에 오를 것이고, 사람들은 자네를 따를 것이네."

그 뒤, 화응은 성질을 고치려고 노력하였고, 너그러운 사람이 되었다.

아빠의 이야기를 듣고 난 영아는 그만 부끄러워 얼굴을 붉혔습니다.

"우리 영아도 마음을 넓게 갖도록 노력하지 않겠니?"

"예, 아빠. 노력할게요."

고개를 끄덕이는 영아를 아빠가 살며시 안아 주셨습니다.

💙 화응이 하인에게 실수하게 된 까닭을 말해 보세요.

누구나 잘못을 저지를 수 있습니다. '관용'은 그 잘못을 너그럽게 용서하고 받아들일 수 있는 마음입니다.

# 톰 아저씨의 오두막집

'자유' 하면 제일 먼저 머리에 떠오르는 것은 '톰 아저씨의 오두막집'입니다. 얼음이 둥둥 떠다니는 미시시피 강의 차가운 바람 소리도 들려 오는 것만 같습니다.

셀비 씨는 착하고 인정 많은 사람이었습니다. 그러나 빚에 쪼들리자 노예 상인에게 노예를 팔았습니다.

"톰을 사시면 여러 사람 몫의 일을 할 것입니다."

셀비 씨는 노예 상인에게 사정했습니다. 톰은 노예들에게 아버지와 같이 믿음직스럽고 일 잘하기로 소문이 나 있었습니다.

"톰 한 사람 가지고는 셸비 씨의 빚을 다 갚을 수가 없어요."

노예 상인은 차갑게 거절했습니다.

그 때, 문이 열리고 네 살쯤 된 흑인 아이가 들어왔어요.

"저 아이도 같이 주세요."

아이를 데리러 방 안으로 들어오던 아이의 엄마 이라이자가 그 말을 들었습니다.

이라이자는 새파랗게 질린 얼굴로 아이를 데리고 나가 버렸습니다.

밤이 깊어, 보는 사람들이 없을 때, 이라이자는 톰을 찾아왔습니다.

"웬일이야, 이렇게 늦게?"

놀라는 톰에게 이라이자는 셸비 씨와 노예 상인이 나누었던 이야기를 했습니다.

"아저씨와 제 아들을 주인님이 팔았어요. 어떡하면 좋아요?"

이라이자는 울음을 터뜨렸습니다.

"주인님을 원망해서는 안 돼. 그 동안 우리들에게 잘 해 주셨잖아? 지금은 빚에 쪼들려 우리를 팔려고 하는 것뿐이야."

톰이 이라이자를 달랬습니다.

"저는 아이랑 도망치겠어요. 아저씨도 도망가세요."

이라이자는 결심한 듯 말했습니다.

"내가 도망가면 다른 사람들이 팔려 갈 거야. 나는 남겠어."

톰은 고개를 저었습니다.

이른 새벽, 이라이자는 아기를 안고 도망쳤습니다. 말을 탄 노예 상인과 개들이 냄새를 맡으면서 쫓아왔습니다. 말굽 소리와 개 짖는 소리는 점점 가까워졌습니다.

그런데 이라이자 앞을 강물이 막았습니다. 강 건너에는 노예 제도가 없는 땅이었습니다.

안타깝게 발을 구르던 이라이자는 강물에 둥둥 떠 있는 얼음 조각을 밟고 강물을 건너가기 시작하였습니다. 아기에게 자유를 주기 위한, 죽음을 두려워하지 않는 탈출이었습니다. 이라이자는 무사히 강을 건너갔습니다.

'톰 아저씨의 오두막집'을 읽을 때마다 저는 이 대목에서 주먹을 불끈 쥡니다. 죽음보다 더 간절한 자유!

다른 노예들보다 자신이 팔려 가는 것이 낫다고 생각한 톰 은 배에 실려 갑니다.

배 안에서 그는 에바라는 6살짜리 여자 아이를 알게 되었 습니다. 배가 흔들리는 바람에 에바가 강물에 굴러 떨어졌을

💙 자유란, 죽음을 각오한 탈출을 할 만큼 가치가 있는 것일까요? 친구와 토론해 보세요.

때, 톰이 구해 주었습니다.

에바의 아빠는 고마워하며 톰을 샀습니다. 톰은 에바네 집에서 행복했습니다. 그러나 그 행복도 잠깐, 에바는 병이 들어 날로 쇠약해졌습니다.

에바를 안고 정원을 산책하면서 톰은 눈물을 흘렸습니다. 톰은 틈이 있을 때마다 에바를 위해 기도했습니다. 그러나 얼마 후 에바는 세상을 떠났습니다.

에바가 없는 집 안은 쓸쓸했습니다. 에바의 아빠가 톰을 불렀습니다.

"난 에바와 약속했어. 톰 자네에게 자유를 주겠다고 말야. 지금 서류를 만드는 중이야."

톰은 가족 곁으로 간다는 희망에 부풀었습니다.

자유를 약속한 에바의 아빠는 산책을 나갔습니다. 그런데 그만 늦은 밤 피투성이가 되어 들것에 실려 왔습니다. 싸우는 사람들을 말리다가 칼에 찔린 것입니다.

에바의 아빠는 톰의 기도 소리를 들으며 숨을 거두었습니다.

에바 엄마는 집과 노예들을 다 팔고 친정으로 돌아갈 계획을 세웠습니다.

"주인님이 제게 자유를 주겠다고 약속하셨습니다."

　톰이 사정하였지만, 에바의 엄마는 자기는 그런 약속은 모른다고 쌀쌀하게 말했습니다. 눈앞에 바싹 다가왔던 자유는 그렇게 사라졌습니다.

　톰은 다시 노예로 팔려, 배 밑바닥에 실려 목화밭으로 끌려 갔습니다. 목화밭은 끝이 안 보일 만큼 넓었습니다. 노예들이 도망가지 못하도록 사나운 개들이 으르릉거리며 지켰습니다.

　뜨거운 햇볕 아래서 노예들은 지쳐 쓰러질 때까지 목화를 땄습니다. 함께 팔려 온 루시는 금방이라도 쓰러질 것처럼 비틀거렸습니다.

'목화를 못 따면 주인님한테 얻어맞을 텐데……'

톰은 자기가 딴 목화를 몰래 루시 바구니에 넣어 주었습니다. 그런데 그만 들키고 말아 톰은 감독에게 사정 없이 얻어맞았습니다.

주인은 톰에게 말했습니다.

"자 톰, 이 채찍으로 루시를 때려라. 그러면 너를 용서하겠다."

톰은 거절했습니다

"용서해 주십시오, 주인님. 저는 여지껏 그런 짓을 해 본 적이 없습니다."

"그렇다면 내가 가르쳐 주지."

주인은 채찍으로 톰을 마구 때렸어요. 톰의 얼굴에서 피가 쏟아졌습니다.

톰은 외쳤습니다.

"제 영혼은 하느님 것입니다. 주인님이라도 제 영혼을 살 수는 없습니다."

밤이 되어 오두막으로 옮겨진 톰은 계속 피를 흘렸습니다. 그런데도 다음 날, 주인은 톰을 끌어 내어 일을 시켰습니다. 괴롭고 고통스러운 날들이 계속되었습니다.

톰은 아무리 괴로워도 하느님을 원망하지 않았습니다. 언제나 성경을 읽고 찬송가를 불렀습니다.

주인은 그런 톰을 비웃었습니다.

켄터키의 셸비 씨는 열병으로 세상을 떠났습니다. 셸비 씨 뒤를 이어 조지가 젊은 주인이 되었습니다.

"먼저 톰 아저씨를 구해야 해."

조지는 돈을 마련해 가지고 톰이 있는 멀고 먼 곳까지 달려왔습니다. 상처투성이 톰은 죽어 가고 있었습니다.

"조지 도련님, 좀 늦으셨네요. 저는 이제 하느님이 계신 하늘 나라 문앞에 와 있어요. 늦었지만 도련님을 만나게 되어 너무 기뻐요."

톰은 조지의 손을 잡고 숨을 거두었습니다. 진정한 자유를 얻은 것입니다.

톰의 장례를 지내고 조지는 혼자 쓸쓸히 집으로 돌아왔습니다.

조지는 집 안의 모든 노예들을 불러 모았습니다.

"나는 톰 아저씨가 돌아가시기 전에 약속했어요. 여러분들 모두에게 자유를 주겠다고 말입니다. 이제 여러분은 자유입니다."

노예들은 기뻐하였고, 무릎을 꿇고 앉아, 하늘 나라에 있는 톰을 위해 기도를 드렸습니다.

♥ 갖은 고통 속에서도 자신을 잃지 않았던 톰 아저씨의 용기는 어디서 온 것일까요?

자유는 구속에서 벗어나는 일입니다, 그러나 모든  일에는 반드시 책임이
따른다는 것을 잊어서는 아니 됩니다,

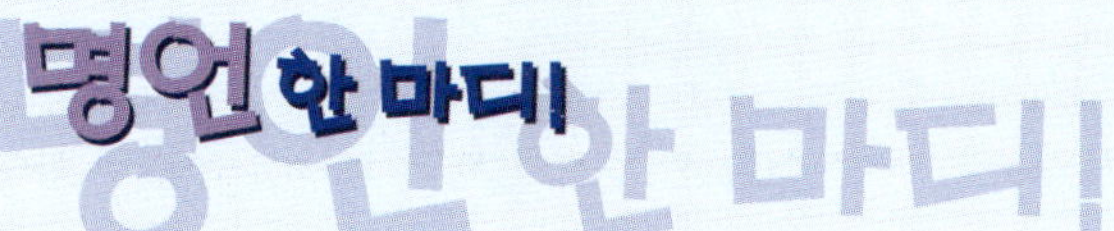

# 명언 한 마디!

**나에게 자유를 달라!  아니면 죽음을 달라!**

-패트릭 헨리 -

1775년 미국이 영국의 식민지였을 때 자치 독립을 요구하는 대의원 회의에서 패트릭 헨리가 한 연설의 한 대목입니다. 이 말은 이후 압박에서 벗어나려는 민중들이 즐겨 사용하는 구호가 되었습니다. 우리 나라에서도 1945년 신탁 통치 반대 운동을 벌일 때 "자유가 아니면 죽음을 달라!"는 구호를 내걸고 온 국민이 시위를 벌인 적이 있습니다.

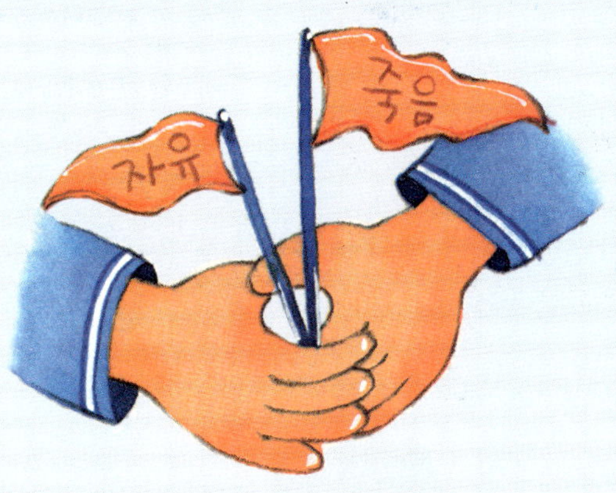

# 넌 누가 좋아

민재에게는 친한 친구가 둘 있습니다. 호필이와 기식이입니다. 민재와 호필이가 친하고 민재와 기식이가 친하면, 당연히 호필이와 기식이도 친할 것 같은데 그렇지가 않습니다.

"민재야, 우리 집 가서 오락하자."

호필이는 언제나 즐거움을 가지고 왔습니다.

"뭐 좋은 것 있니?"

"새 시디를 샀지. 아주 신난다."

민재는 기식이가 마음에 걸려 그 아이를 돌아봅니다.

"안 돼. 나 학원 가야 해."

착실한 기식이는 오락하기 위해 학원을 빼 먹는 일이 없습니다.

"난 네가 저 답답한 기식이와 친한 이유를 모르겠어."

호필이는 가끔 민재를 알 수 없다고 했습니다.

"기식이는 착하고, 나한테 잘 해 주거든."

5학년 때, 민재가 맹장 수술을 했을 때의 일입니다. 기식이는 하루도 빼놓지 않고 찾아와 위로하고, 그날 그날 공부한 것을 가르쳐 주었습니다.

"어른들도 존경할 만한 우정이구나."

민재 엄마 아빠는 기식이를 칭찬하며 귀여워했습니다.

기식이가 좋기는 하지만, 가끔은 민재도 답답하다고 생각합니다.

"인형극 보러 갈래?"

민재가 뭔가 하자고 하면,

"좋아. 그러자."

시원스럽게 말한 적이 없는 기식이입니다.

"갑자기 그러면 어떻게 해? 오늘은 바이올린 선생님이 오시는 날인데……."

이런 핑계가 끊임없는 아이입니다.

혹시나,

"좋아. 오늘은 시간 있어."

하더라도 사업하시는 엄마한테 전화를 걸어 허락을 받습니다. 그리고는 집에 전화해서 일하는 아줌마에게 청거북이 밥 주는 것부터 화분에 물을 얼마큼 주라는 이야기까지 시시콜콜 다 끝낸 후에야 같이 놉니다. 참을성 없는 아이들은 기식이가 전화하는 동안 저희들끼리 가 버리기도 합니다.

거기에 비교하면 호필이는 적극적이며 언제나 재미있고 시원시원합니다. 호필이와 같이 있으면 시간 가는 줄을 모릅니다. 그래서 학원을 빼 먹고 숙제를 한 해 혼나는 일이 자주 생깁니다.

어느 날인가는 호필이 따라 학교 앞 가게에서, 조그만 장난감 총을 훔쳐 달아나기도 했습니다. 잘못인 줄은 알지만 재미가 있는 것도 사실이었습니다.

"넌 호필이와 나하고 누가 더 좋아?"

학교가 끝나고 집에 오는 길에 기식이가 아주 심각한 얼굴로 물었습니다.

"얜 별걸 다 물어."

민재는 웃어 넘기려 했습니다.

"누가 더 좋아?"

기식이는 말간 두 눈으로 민재를 쳐다보며 대답을 기다렸습니다.

"너도 좋고 호필이도 좋아."

"한 사람만 골라 봐."

'애가 뭐 이렇게 어려운 것을 묻지?'

민재는 기식이가 이렇게 따지고 덤빌 때는 정말 싫습니다. 피하고 싶습니다.

민재의 마음을 알지 못하는 기식이는 걸음을 멈춘 채 대답을 기다렸습니다.

"네가 좋아."

민재의 대답에 기식이는 얼굴이 환해졌습니다. 뒤에 바싹 쫓아오던 호필이가 두 아이의 이야기를 다 들었습니다.

민재가 기식이와 헤어져 걷는데, 호필이가 그제야 쫓아온 것처럼 호들갑을 떨었습니다.

"민재야, 혼자 가면 어떡해? 널 쫓아오느라고 막 뛰었다야."

"응, 그래."

"기식이랑 무슨 이야기를 그렇게 하면서 걸었니? 뭐 재미

있는 일 있어?”

“아니 뭐 그냥.”

민재가 우물쭈물하자 호필이가 짓궂은 웃음을 입가에 띠었습니다.

“민재야, 너는 기식이랑 나랑 누가 더 좋으니?”

민재는 속으로 오늘 애들이 ‘왜 이래?’ 했습니다.

“둘다 좋지 뭐.”

호필이는 부스럭거리며 가방 속에서 조그만 오락기 하나를 꺼냈습니다.

두꺼비가 납죽납죽 파리를 잡아먹는 구식 오락기입니다. 그러나 크기가 작아서 공부 시간에 책상 밑에서 하기엔 안성맞춤입니다.

“이것 너 가져.”

“정말? 고맙다.”

민재는 오락기를 뻑뻑거리며 걸었습니다. 호필이는 그 옆에서 아무 말 없이 따라 걸었습니다. 호필이네 아파트에 닿았습니다. 헤어지기 전에 호필이는 부리부리한 눈으로 민재를 쳐다보며 물었습니다.

“너, 기식이랑 나랑 누가 더 좋으니?”

"너, 우리들이 하는 말 들었구나?"

"누가 더 좋아?"

다그치듯 묻는 호필이에게서 눈길을 피하며 민재는 오락기를 내려다보았습니다.

"누구야? 기식이야, 나야?"

호필이의 손이 오락기 쪽으로 다가왔습니다. 그 손은 민재의 대답에 따라 오락기를 가져갈 수도 있다는 뜻이었습니다.

"네가 좋아."

머뭇거리다가 민재는 말했습니다.

"정말이지? 그 맘 변치 않기다."

민재는 고개를 끄덕였습니다. 호필이는 기분 좋은 얼굴로 아파트 안으로 뛰어들어갔습니다.

민재는 기분이 언짢았습니다. 두 친구 사이를 오락가락하면서 '네가 좋다. 아니다, 사실은 네가 좋다.' 말장난 한 것 같아 마음에 걸렸습니다.

"무슨 애들이 그래. 진정한 친구라면 내 마음을 이렇게 괴롭히지 않았을 거야."

두 친구들에게 화가 나기도 했습니다.

"왜 얼굴이 그러니? 친구랑 싸웠니?"

현관을 들어서는 민재에게 엄마가 물었습니다.

"싸우지는 않았는데요, 화가 나요."

민재는 기식이와 호필이 이야기를 했습니다.

"나는 정말로 누구랑 제일 친한지 모르겠어요."

민재는 한숨을 내쉬었습니다.

"친한 친구와 덜 친한 친구를 나눌 거야 없지. 그렇지만 '네가 최고 좋아.' 하고 각각 다른 친구에게 말했다는 것은 썩 좋은 일이 아닌 듯싶구나."

엄마 말씀에 민재의 얼굴이 새빨개졌습니다.

♥ 엄마의 이야기를 듣고 난 민재는 어떤 생각을 하였을까요?

한번 옳다고 생각한 일은 끝까지 지켜야 합니다, 사람의 말에 따라 이리 저리 흔들리면 뜻 있는 사람이라 할 수 없습니다,

그렇게 자주 변하다 보니 친구가 없을 수밖에요.

# 게으른 물장수

메네스는 게을렀습니다. 그 어머니도 그렇게 말했고 여러 이웃들도 그렇게 말했습니다. 이웃 사람들은 그런 게으른 자식을 둔 어머니가 불쌍하다고 하였습니다.

그러나 메네스 자신은 게으르다고 생각하지 않았습니다. 다만 일하는 것이 싫어서 항상 일을 안 할 수 있는 방법을 생각해 냈습니다.

그가 어렸을 때, 강에서 놀 때는 그를 게으르다고 생각한 사람은 하나도 없었습니다. 그는 항상 막대기와 돌을 가지고 물을 막아 놓고, 원하는 대로 도랑을 내어 물을 대었습니다. 또 막대기를 엮어 배를 만들면 친구들 것보다 언제나 빨리 갔습니다. 그 때는 그 어머니도 그런 아들 둔 것을 자랑했습니다.

스님 한 분이 메네스가 노는 것을 보고, 그의 어머니에게 매우 영리한 아들을 두었다고 말했습니다.

'이 소년이 물장수가 되어야 한다는 것이 안타깝구나.'

그러나 스님은 그 말을 하지 못했습니다. 이집트에서는 스님이 마음대로 자기 생각을 말할 수 있는 지위가 되지 못했습니다.

메네스의 아버지, 할아버지, 증조부, 고조부, 모두 물장수였습니다. 그러므로 메네스도 물장수가 될 수밖에 없습니다.

메네스가 자라서 일을 하게 되었을 때, 그는 목수에게 가서 물통 두 개와 물 긷는 막대기를 만들었습니다. 메네스는 물 긷는 막대기를 이용하여 물을 빨리 길었습니다.

"메네스는 물을 빨리 길어 와서 좋아."

"참 부지런한 소년이야."

하인들은 메네스가 물을 빨리 길어 와서 아주 좋아했습니다. 그러나 그것도 오래 가지 못했습니다.

"물 긷는 것도 일 주일은 재미있었지만 매일같이 똑같은 일을 하는 건 나는 싫어."

메네스는 불평하였습니다.

"맨날 물만 긷고 있으니 내가 하고 싶은 일을 못 하잖아?"

메네스는 터덜터덜 발걸음 무겁게 마지못해 일을 했습니다.

"물 한 번 길어오는 데 하루 종일 걸린다니깐."

하인들이 불평했습니다.

"메네스를 기다리다가 가마솥이 다 타 버렸어."

식모도 불평했습니다.

"빨래통에 물 떨어진 것이 언젠데 아직도 물을 안 채워 놨어."

빨래하는 여자도 화를 냈습니다.

이런 말이 메네스의 어머니 귀에 들어갔습니다. 어머니는 아들을 꾸짖었습니다.

"다음부터는 착실하게 일을 하겠습니다."

메네스는 약속하였지만 그 때뿐이었습니다. 물을 길러 가다가 아이들 노는 모습을 바라보며 서 있거나 통에 물이 차는 동안 잠을 자기가 일쑤였습니다.

"제발 열심히 일 좀 하거라."

어머니의 말에 메네스는 불평했습니다.

"어머니, 저는 다른 일을 할 수 없나요? 저는 평생 물을 긷기 위해 언덕을 오르락내리락해야만 하나요?"

물장수의 아들은 물장수가 돼야 하는 법이 메네스를 답답하게 만들었습니다.

'이건 마치 소가 멍에를 지고 일하는 것과 같아. 매일 같은 일만 하다니……'

메네스는 물통에 물 채우는 방법을 여러 가지로 해 보았습니다.

'변화가 있어야 해.'

메네스는 새 장소로 물을 뜨러 갔습니다. 그 곳은 마을에서 가까웠으나 물이 깊어 물 뜨기가 어려웠습니다. 물 긷는 막대를 낚싯대처럼 늘어뜨려 물통에 물을 담았습니다. 그러나 물통을 끌어올리기가 몹시 힘들었습니다.

그는 막대를 바위에 올려놓고, 한쪽 끝을 눌러 물통을 들어올렸습니다. 지렛대 원리를 이용한 것이었습니다.

'야, 멋있다! 좀더 힘 안 들이고 물통을 올릴 수 있는 바위를 찾아야겠다.'

메네스는 여기저기 알맞은 장소를 찾아다니느라고 물을 제때 긷지 못했습니다.

💙 사람들은 메네스를 보고 왜 게으르다고 했나요?

‘아무래도 안 되겠어.’

주인은 못마땅하게 생각하며,

“이후부터는 오지 말아라. 물 길을 다른 소년이 있다.”

하고 메네스에게 말했습니다.

메네스가 일자리를 잃은 것을 알자 어머니는 울음을 터뜨렸습니다.

어머니에게 미안하기는 하였지만 메네스는 쉽게 물을 길을 수 있는 방법을 연구할 시간이 생겨 기뻤습니다.

메네스는 매일 강에 나가 연구를 하였습니다.

어머니는 그런 아들이 걱정되고 안타까웠습니다.

“매일 그렇게 강에 가서 놀지 말고 취직을 하거라. 이대로 가다가는 너와 난 굶어 죽게 될 거야.”

메네스는 어머니 말씀대로 취직을 하기 위해 노력했습니다. 그러나 게으르다는 소문이 퍼져 아무도 메네스에게 일을 맡기려고 하지 않았습니다.

나중에는 돌아가신 메네스 아버지와 친하였고, 어머니를 불쌍하게 생각한 농부가 일자리를 주었습니다.

“도랑을 파서 물을 끌어다가 논과 밭에 물을 대거라. 그게 네가 할 일이야.”

💙 아버지 직업을 이어받아야 하는 이집트의 법에 대하여 친구들과 토론해 보세요.

메네스는 종일 혼자서 일하게 된 것이 기뻤습니다.

어느 무더운 날, 너무 더워서 아무도 일하지 않는 한낮이었습니다.

"아니, 저게 메네스 아냐?"

농부는 멀리 논에서 왔다 갔다 일하는 메네스를 보았습니다. 농부는 놀라 논에 나가 한참 동안 서서 소년이 일하는 모습을 바라보았습니다.

농부가 와서 보는 줄도 모르고 메네스는 도랑을 파서 끌어온 물을 퍼서 논에 대고 있었습니다.

길게 만든 물 긷는 막대기를 바위에 얹어 놓고 발

로 밟아 가볍게 물통을 들어 올렸습니다.

"아주 가볍게 물을 길어 올리는구나!"

농부가 감탄하자 메네스는 자랑스럽게 말했습니다.

"아저씨도 한 번 해 보세요. 물통이 얼마나 쉽게 올라오는지 놀라실 거예요."

농부는 메네스가 시키는 대로 물 긷는 막대기를 밟았습니다. 통 속에 물이 가득 들어 있으니, 힘을 줘야 한다고 생각한 농부는 힘껏 밟았습니다. 물통은 너무나 쉽고 가볍게 올라왔습니다.

농부는 촌장에게 달려가서 메네스가 긴 막대기를 가지고 얼마나 부지런히 일하는가 보러 오라고 하였습니다. 사람들이 메네스의 일하는 모습을 보기 위해 모여들었습니다.

"저것 좀 봐! 저 무거운 물통을 가볍게 들어 올리잖아?"

"물 긷는 막대기를 길게 만들어 바위에 올려놓고 밟기만 했는데 물통이 저렇게 가볍게 올라오다니 놀라운 일이야."

사람들은 감탄하였습니다. 다른 물장수들도 메네스처럼 긴 막대기를 만들었습니다. 그 뒤부터 물장수들은 물을 긷느라고 어깨가 벗겨지는 일이 없게 되었습니다. 그리고 메네스가 게으르다고 말하는 사람도 없게 되었습니다.

♥ 메네스는 어떤 소년일까요?

우리가 배우고 익히는 일은 앞으로 무엇인가 새로운 것을 만들어 내고자 하는 데 뜻이 있습니다. 그런 뜻이 삶을 빛나게 합니다.

# 명언 한 마디!

**필요는 발명의 어머니다.**

인간은 생각하는 존재이며 도구를 사용하는 존재입니다. 끊임없이 생각하고 현실을 바꾸어 보려는 도전과 모험을 통해 인류의 역사는 발전을 거듭해 왔습니다. 비록 작고 사소한 것일지라도 이를 좀더 개선하려는 창의적인 생각을 가져 봅시다. 그러한 가운데서 새로운 발명의 역사는 열리고 인류의 문명도 한 걸음씩 발전할 것입니다.

# 효자리 전설

덕장은 묘막에서 나와 아버지 묘 앞에 엎드렸습니다.

"아버지, 오늘로 3년 시묘살이(무덤 옆에 묘막을 짓고 3년 동안 지내는 일)가 끝납니다. 그 동안 효도를 못한 불효자가 내일이면 아버지 곁을 떠납니다."

고개 숙여 아버지께 하직 인사를 하는 덕장의 머릿속에는 지나간 일들이 하나둘 스쳐 지나갔습니다.

아버지는 오랫동안 편찮았습니다. 덕장은 아버지의 병간호에 몸과 마음을 다했습니다. 그러던 어느 날, 아버지가 정신을 잃었습니다. 집안 식구들은 아버지가 세상을 떠난 것으로 생각했습니다. 그러나 덕장은 어떻게 해서든지 아버지를 살려야 한다는 생각뿐이었습니다.

'이 몸은 부모님이 주신 것, 이 몸을 바쳐서라도 아버지를 살려야 해!'

덕장은 칼을 가져와 손가락을 자르고 아버지의 입 속에 피를 떨어뜨렸습니다. 곁에 둘러앉았던 가족과 친척 들은 놀라며 그 효심에 눈물을 흘렸습니다.

"으으음."

아버지가 눈을 떴습니다. 덕장의 효성이 하늘에 닿은 것입니다.

"형님, 얼마나 아프세요?"

아버지의 정신이 돌아온 것을 보자 덕장의 아우는 형을 걱정했습니다.

"아우야, 걱정해 줘서 고맙다. 아버님이 저렇게 정신이 드신 것을 보니깐 손가락이 아픈 줄을 모르겠구나."

아우는 형님의 손가락을 헝겊과 실로 매어 주면서 눈시울을 붉혔습니다.

덕장은 편찮으신 아버지 곁에서 밤을 새웠습니다.

"형님, 제가 아버님 곁에 있을 테니 형님은 그만 주무세요. 지금 벌써 며칠째입니까?"

"아우야, 너는 공부하느라고 피곤할 테니 자거라."

덕장은 아우를 억지로 재우고 자신은 아버지 곁을 지키곤 하였습니다. 걱정으로 밥도 제대로 못 먹고 잠도 제대로 못 자는 형님이 아우는 걱정되었습니다. 그러면서 형님의 효성을 본받기 위해 노력했습니다.

"부모님 섬기는 일에 한 번도 얼굴 표정을 나쁘게 짓지 않고 부모님 병환에 저렇게 극진한 걸 보면 덕장은 분명 하늘이 내리신 효자야."

마을 사람들은 입을 모아 칭찬하였습니다.

이렇게 지극한 정성으로 아버지를 간호하였지만 아버지는 돌아가셨습니다. 그래서 덕장은 아버지 묘소 곁에 묘막을 짓고 3년 동안 시묘살이를 해 온 것입니다.

"아니, 저게 뭐야?"

내일 내려갈 준비를 하면서 아버지 묘소를 돌보던 덕장은 놀라서 잠시 멍해졌습니다. 산 아래로부터 거센 파도처럼 연기와 불길이 밀려오고 있었습니다.

"산불이다, 산불!"

덕장은 솔가지를 꺾어 들고 불길을 향해 달려갔습니다. 있는 힘을 다해 불길과 맞섰습니다. 솔가지로 불을 내리쳤습니다. 그러나 거대한 산불을 혼자 힘으로 막을 수는 없었습니다. 불은 점점 더 거칠어졌습니다.

덕장은 불길이 아버지 묘소에 가까워지자 불 위에 누워 뒹굴었습니다. 그의 몸은 그을려 숯덩이처럼 되었습니다.

"신령님, 불길 좀 잡아 주십시오! 아버지 묘소를 지켜 주십시오!"

덕장은 하늘을 향해 통곡하며 주먹으로 불길을 내리쳤습니다. 그러자 이상한 일이 벌어졌습니다. 갑자기 바람의 방향이 바뀌면서 장대 같은 비가 쏟아지기 시작했습니다. 큰비에 세상을 다 태울 듯하던 산불이 꺼졌습니다.

근처의 산과 들, 집 들은 다 탔는데 묘막과 덕장의 아버지 묘소만 불에 타지 않고 그대로 남았습니다.

시묘살이를 끝내고 집에 돌아온 덕장은 집안의 어른으로서 자애롭고 현명하게 집안을 다스렸습니다.

어느 해, 관동 지방에 큰 흉년이 들었습니다. 굶주린 사람들은 풀뿌리를 캐 먹고 나무 껍질을 벗겨 먹었습니다. 시간이 흐르면서 황폐한 산과 들에는 풀뿌리와 나무 껍질마저 귀해졌습니다.

💙 아버지 묘소에 불이 다가오는 것을 보고 덕장은 어떻게 하였나요?

　흉년으로 굶주리는 사람은 덕장네 마을에도 생기기 시작했습니다.

　"곳간 문을 열고 끼니를 굶는 마을 사람들에게 곡식을 나누어 주어라."

　덕장은 마을 사람들에게 곡식을 나누어 주었습니다. 굶주린 사람들이 달려와 곡식을 받아 갔습니다.

　"고맙습니다. 고맙습니다."

　사람들은 땅에 코가 닿도록 인사를 하고 또 했습니다.

　"많이 못 도와 드려 죄송합니다. 모두들 아껴 먹으면 내년까지 버틸 수 있을 것입니다."

　덕장은 뽐내지 않고 항상 겸손했습니다.  말과 행동이 바르고 사람을 만남에 있어 덕행과 의리를 지켰습니다.

　"덕장은 하늘의 복을 받을 거야."

　사람들은 덕장을 칭찬하였습니다.

　아우가 결혼을 하게 되자 덕장은 가장 기름진 논과 밭을 떼어 주었습니다.

　"형님은 조상님의 제사를 모시는 집안의 어른이십니다. 그런데 이렇게 좋은 논과 밭을 제게 주시면 어떡합니까?"

　아우는 논과 밭을 받으려 하지 않았습니다.

♥ 덕장은 아우를 어떻게 대했나요?

"내가 가진 논과 밭이 비록 보잘것은 없지만 거름을 주고 잘 가꾸면 곧 옥토가 될 거야. 아우는 새 살림 나서 여러 가지 어려울 테니 아무 말 말고 받게."

덕장은 기어이 기름진 논과 밭을 아우에게 주었습니다.

어느 해, 덕장의 아우가 병으로 눕게 되었습니다.

덕장은 약을 지어다 주고 아우의 병세를 보기 위해 매일같이 아우를 찾아왔습니다.

"그래, 오늘은 좀 어떠신가?"

"형님이 이렇게 마음을 써 주시는데 제 병인들 배겨나겠습니까? 이제 다 나았습니다. 젊은 것이 이렇게 누워서 형님의 사랑을 받기만 하니 죄송할 따름입니다."

"그게 무슨 소린가? 우리는 피를 나눈 형제가 아닌가? 아무 걱정 말고 어서 일어나시게."

덕장의 아우는 부모님처럼 따뜻하게 보살펴 주는 형님을 사랑하고 존경하였습니다.

"김덕장만큼 효성이 지극하고 형제 우애가 두터운 사람은 이 세상에 없을 거야."

덕장에 대한 칭송은 멀리 퍼져 한양에 있는 선조 임금님께도 알려졌습니다.

"강릉에 있는 김덕장에게 정려(충신, 효자, 열녀 등에게 그들이 살던 마을에 문을 세워 주어 그 뜻을 기리던 일)를 내림과 동시에 '효우당'이라는 가호를 주고, 그가 사는 마을에 '효자리'라는 이름을 주도록 하여라."

선조 임금님은 명을 내려 그의 효성을 칭찬하셨습니다.

❤ 덕장이 효성을 다한 일을 적어 봅시다.

무슨 일이든 잘 되려면 뜻이 맞고 마음이 편해야 합니다, 그러려면 나를
버리고 남을 위하여 이해하려는 자세가 필요합니다,

밥상 위의 전쟁

# 윤봉길

"만세!"

"만세! 대한 독립 만세!"

"일본은 물러가라! 일본은 물러가라!"

충남 예산군의 조그만 마을 덕산에 장이 열리는 날, 장터에
모였던 사람들은 손에 손에 태극기를 들고 목이 터져라 만세
를 불렀습니다.

"탕, 탕, 탕!"

일본 순사들이 총을 쏘아대기 시작하였습니다.

총 소리에 놀란 사람들이 흩어졌습니다. 잠시 후에 덕산 장터는 텅 비었고, 고요가 흘렀습니다.

"아니, 봉길이 아니냐?"

남의 가게에 숨어 있던 한 남자가 장터에 우두커니 서 있는 아이를 발견하였습니다. 남자는 주위를 살펴보고는 달려나가 윤봉길을 끌고 들어왔습니다.

"겁도 없구나!"

남자는 혀를 끌끌 찼습니다.

11살의 윤봉길은 입을 꽉 다문 채 말이 없었습니다.

남자는 윤봉길이 겁에 질려 있는 줄 알고 어깨를 토닥였습니다.

"괜찮다. 조금 있다가 내가 집에 데려다 줄게."

봉길이는 가게 문 너머로 장터만 뚫어지게 쳐다볼 뿐이었습니다. 누가 흘린 피인지 땅바닥이 얼룩져 있고, 주인 잃은 짚신들이 여기저기 흩어져 있었습니다.

'나쁜 놈들!'

봉길이는 이를 악물었습니다.

덕산에서 봉길네 집이 있는 시량리는 아이 걸음으로 한 시간 거리였습니다.

덕산 장에서 만세 운동이 벌어졌다는 말을 듣고 윤봉길의 집은 발칵 뒤집혔습니다. 시량리 구석구석을 찾아보아도 봉길이를 찾을 수 없었기 때문입니다.

식구들이 장으로 찾아 나서려는데 봉길이가 돌아왔습니다.

"어머니!"

봉길이는 어머니 품에 안겨 울음을 터뜨렸습니다.

"어린 것이 놀래서 그럴 것입니다."

봉길이를 데려온 남자가 말했습니다. 그러나 어머니는 알고 있었습니다. 비록 11살밖에는 안 되었지만 겁에 질려 울 아이는 아니었습니다.

봉길이는 일본 순사가 우리 나라 사람들에게 총을 쏜 사실이 너무 분했습니다. 그 분한 마음이 어머니를 보는 순간 눈물로 쏟아져 나왔습니다.

"그래 그래, 이 에미는 다 안다."

덕산 만세 운동에 크게 충격을 받은 봉길이는 학교에 다니지 않겠다고 고집부렸습니다.

"왜 학교를 가지 않으려고 하느냐?"

어머니는 아들이 게으름을 피우는 줄 알고 화를 냈습니다.

"일본말을 국어라고 가르치는 학교에서는 더 이상 배울 수 없어요."

당돌하게 어머니를 똑바로 쳐다보며 고집을 부렸습니다.

"사람이 배우지 않으면 아무 짝에도 쓸모가 없는 법이다. 학교에 가지 않으면 어쩌겠다는 말이냐?"

"전에 하던 한문 공부를 계속하겠습니다."

봉길이는 기어이 학교를 그만두었습니다. 학교를 그만두기는 하였지만 친구들에게 일본책을 빌려다가 밤낮으로 공부했습니다.

'적을 알기 위해서는 먼저 그들의 말과 글을 배워야 한다.'

한편으로는 신학문과 역사 공부를 열심히 하였습니다.

‘우리가 나라를 빼앗긴 것은 백성들이 무지하기 때문이야. 이대로 가다가는 일본에게 한민족의 얼까지 빼앗길 것이다. 나라를 되찾으려면 공부를 해야 한다.’

어느 날, 한 젊은이가 찾아왔습니다.

“아버지 묘를 찾아 성묘를 하고 벌초도 해야 하는데 글자를 모르니 어떡하겠어요? 그래서 그 근처 푯말을 모두 가져왔으니, 우리 아버지 이름 적힌 것을 찾아 주세요.”

젊은이는 가져온 푯말을 윤봉길의 발 아래 내려놓았습니다. 윤봉길은 어이가 없었습니다. 푯말을 뽑아 왔으니 그게 어느 묘에서 뽑아 온 것인지 알 수 없게 된 것입니다. 결국 그 젊은이는 아버지의 묘를 영영 잃어버리고 만 것입니다.

‘가르치자. 내 주위에서 무식을 구제하여 세상을 바르게 볼 수 있도록 하자.’

18세의 윤봉길은 친척집 사랑방을 빌려 야학을 열었습니다. 야학을 열었으나 찾아오는 학생이 없었습니다.

“종일 일하고 피곤해 죽겠는데 야학에 나오라고요? 싫습니다.”

“농사짓는 사람이 글은 알아서 무엇해?”

봉길이는 안타까웠습니다.

“배워야 삽니다! 아는 것이 힘입니다!”

💙 윤봉길은 우리가 나라를 빼앗긴 이유를 무엇이라고 생각했나요?

봉길이는 발에 물집이 생기도록 사람들을 찾아다녔습니다. 봉길이의 간곡한 말에 감동한 사람들이 하나둘 야학으로 모여들었습니다. 가르치는 선생님과 학생들 모두가 열심이었습니다.

일본이 우리 문화를 없애려는 시대라서 변변한 책이 없었습니다. 봉길이는 〈우리 농민의 앞길〉이라는 책을 지어 이것을 가르쳤습니다.

"날 따라 읽으세요. 나는 농부요, 너는 노동자다."

"나는 농부요, 너는 노동자다."

학생들의 목소리 속에는 배워야 한다는 열의가 가득했습니다.

"우린 똑같이 일하는 사람으로 높지도 않고 낮지도 않다. 나는 밭을 갈고 너는 쇠를 다룬다. 우리들 세상이 잘 되도록 쉬지 말고 일하자. 앞으로, 앞으로, 더욱 앞으로!"

주재소에서 윤봉길의 이름이 오르내리기 시작하였습니다.

"학교도 다니지 않고 혼자 공부한 자인데 야학을 세워 학생들을 가르칩니다. 그런데 요즘에는 학생들이 많아져서 학교를 새로 짓는다고 합니다."

보고를 받은 순사부장은 신경이 날카로워졌습니다.

"무슨 돈으로?"

"어른 아이 할 것 없이 모두 나무를 베어 나르면서 직접 짓고 있습니다."

학교를 짓고 나자 윤봉길은 농민들의 애국심과 단결심을 길러 주기 위해 '월진회'라는 단체를 만들었습니다. 월진회에서는 먼저 가난 몰아내기 운동을 벌였습니다. 회비를 거두어 돼지를 사다가 공동으로 키워서 불려 나갔습니다. 또, 할 일 없이 장에 나가 술 마시는 것을 막기 위해 월진회에서는 장사를 시작하였습니다. 공동으로 사 온 물건을 싸게 파는 것이었습니다.

"단결심을 기르려면 체육이 그만이지. 건강에도 좋고."

윤봉길은 체육회도 만들었습니다. 애국심을 높이기 위한 강연회도 자주 열었습니다. 공동으로 산에 나무도 심었습니다.

일본 순사들은 바짝 신경을 곤두세우면서 윤봉길을 감시하였습니다. 윤봉길은 더 이상 시량리에서 활동할 수 없음을 알고 중국으로 갔습니다.

윤봉길은 상하이 홍구 공원에서 일본 천황 생일 축하 행사장에 폭탄을 던져 일본인들의 간담을 서늘하게 했습니다.

윤봉길은 잡혀서 24세의 젊은 나이에 사형을 당했습니다.

💙 윤봉길의 상하이 의거 소식을 듣고, 우리 나라 사람들은 어떤 생각을 했을까요?

일을 이루려면 끝까지 밀고 나갈 뱃심이 있어야 합니다. 이 힘이 모자라면 중도에서 하다 말게 되어 좋은 성과를 기대할 수 없습니다.

# 명언 한 마디!

**모든 사람이 좋아하더라도 반드시 살펴야 하며, 모든 사람이 싫어하더라도 반드시 살펴야 한다.**  － 공자 －

어떤 대상을 판단할 때는 주관을 가지고 대상을 판단하여야 합니다. 다른 사람의 판단을 무조건 따라 행하거나 하는 것은 줏대를 가진 올바른 사람의 태도가 아닙니다. 줏대 즉, 주관이 올바르게 서 있지 않은 사람은 많은 사람을 이끌어 나가는 지도자가 될 수 없습니다. 그러므로 자신의 주관에 따라 살아가는 주체성 있는 사람이 되도록 노력해야겠습니다.

# 아낌없이 주는 나무

나무 한 그루가 있었습니다. 그 나무는 한 소년을 매우 사랑했습니다.

소년은 매일같이 나무를 찾아와 떨어진 나뭇잎을 주우며 놀았습니다. 나뭇잎으로 왕관을 만들어 쓰고 숲 속의 왕자놀이를 하였습니다.

소년은 나무 줄기를 타고 올라가서 나뭇가지에 매달려 그네를 탔습니다. 사과를 따 먹기도 했습니다.

나무와 소년은 숨바꼭질을 하기도 했습니다. 그러다 피곤

하면 나무 그늘에서 단잠을 자기도 했습니다.

소년은 나무를 사랑했고, 나무는 무척 행복했습니다.

시간이 흘러갔습니다.

소년은 점점 나이가 들었습니다.

나무는 홀로 있을 때가 많아졌습니다.

어느 날, 소년이 나무를 찾아왔습니다.

나무가 말했습니다.

"애야, 내 줄기를 타고 올라와 그네도 뛰고 사과도 따 먹으렴. 그늘에 누워 쉬기도 하고 즐겁게 지내렴."

소년은 말했습니다.

"나는 나무에 올라가 놀기에는 너무 커 버렸어. 난 값비싼 많은 물건을 사고 싶고, 신나게 놀고 싶단 말야. 난 돈이 필요해. 내게 돈 좀 줘."

"난 돈이 없어. 내겐 나뭇잎과 사과밖에 없어."

나무는 갑자기 좋은 생각이 떠올랐습니다.

"아, 내 사과를 따다가 도시에 가서 파는 게 어때? 그러면 돈이 생기고 너도 행복해질 거야."

그 말을 들은 소년은 나무에 올라가 사과를 모두 따 가지고 가 버렸습니다.

나무는 소년이 행복해질 것이라고 기뻐하였습니다.

떠나간 소년은 오랜 세월이 지나도록 돌아오지 않았습니다.

나무는 슬펐습니다.

그러던 어느 날, 소년이 돌아왔습니다.

나무는 너무 기뻐서 몸을 흔들었습니다.

"얘야, 내 줄기를 타고 올라와 그네를 타고 즐겁게 지내렴."

소년은 무뚝뚝하게 말했습니다.

"안 돼. 난 나무에 올라가 놀 만큼 한가하지 못해. 나는 따뜻하고 아늑한 집이 필요해. 아내도 있어야 하고 애들도 있으면 좋겠어. 그래서 집이 필요해. 나에게 집을 한 채 마련해 줘."

"나에게는 집이 없단다. 이 숲이 나의 집인걸. 하지만 내 가지를 잘라다가 집을 지으렴. 넌 행복해질 거야."

나무가 말했습니다.

소년은 집을 짓기 위하여 나뭇가지를 모두 베어 가지고 갔습니다. 나무는 소년이 따뜻한 집을 갖게 되리라고 생각하니 행복히였습니다.

소년은 오랫동안 돌아오지 않았습니다.

오랜 세월이 지난 뒤, 소년이 돌아왔습니다. 나무는 너무나

기뻤습니다.

"어서 와!"

나무는 속삭였습니다.

"나한테 와서 놀렴."

소년은 힘겹게 말했습니다. 어렸을 적 티없이 맑던 모습은 흔적도 찾아볼 수 없었습니다.

"난 나이가 너무 들고 비참해서 너와 놀 수가 없어. 배를 타고 멀리 떠나고 싶어. 나에게 배 한 척 줘."

나무는 웃으며 말했습니다.

"내 줄기를 잘라다가 배를 만들렴. 그러면 넌 멀리 떠날 수 있고 행복할 거야."

소년는 나무 줄기를 베어 내어 배를 만들었습니다. 그리고 멀리 떠나 버렸습니다.

나무는 행복했습니다. 그러나 진정으로 행복한 것은 아니었습니다.

오랜 세월이 지난 후 소년이 다시 돌아왔습니다.

나무가 소년에게 말했습니다.

"애야, 미안하다. 나는 이제 너에게 줄 것이 하나도 없어. 나뭇잎도 없고 사과도 없어."

소년이 말했습니다.

"나는 이가 약해져서 사과를 먹을 수 없어."

"가지가 없으니 그네도 못 탈 거야."

"나뭇가지에 매달려 그네를 타기엔 나는 너무 늙었어."

"내게는 줄기마저 없으니 네가 타고 오를 수도 없어."

"나는 너무 늙어서 줄기를 타고 오를 수가 없어."

나무는 한숨을 쉬었습니다.

"미안해. 무엇인가 네게 줄 수 있으면 좋을 텐데……. 이제 나에게 남은 것은 아무것도 없어. 나는 그저 늙어 빠진 나무 밑동일 뿐이야. 미안해."

"이제 나에겐 필요한 것도 없어. 단지 앉아서 쉴 만한 조용한 곳이 있었으면 좋겠어. 나는 너무 피곤해."

소년이 말했습니다.

"아, 그래?"

나무는 활기를 찾으며 말했습니다.

"앉아서 쉬기에는 늙은 나무 밑동처럼 좋은 것이 없지. 이리 와서 앉아 봐. 앉아서 편히 쉬렴."

소년은 나무가 시키는 대로 하였습니다.

나무는 참으로 행복했습니다.


위의 이야기는 '아낌없이 주는 나무'라는 동화입니다. 아마 여러 어린이들도 많이 읽었을 것입니다. '아낌없이 주는 나무'를 읽을 때마다 나는 부모님을 생각합니다.

부모님은 우리에게 아낌없이 모든 것을 줍니다. 그러나 우리들은 매일매일 더 달라고 칭얼거리고 덜 준다고 불평을 해 댑니다.

우리가 아무리 떼를 써도 부모님들은 마다 않고 주고주고 또 줍니다.

아낌없이 주는 나무, 우리는 부모님께 어떻게 보답해야 할지…….

💙 아낌없이 주기만 하는 사랑에 대하여 찬성, 반대로 나누어 친구와 토론하고 그 내용을 써 보세요.

갑자기 어려운 일이 닥쳤을 때 이웃을 위하여 나의 소중한 물건을 내놓거나
몸을 바치는 일은 무엇보다 귀한 일입니다.

# 크리스마스 선물

종교를 가진 사람이나 안 가진 사람이나 크리스마스가 다가오면 마음이 즐거워집니다. 하얀 눈과 선물과 방학이 있어, 크리스마스를 가슴 설레며 기다립니다.

"이번 크리스마스엔 엄마 아빠한테 뭘 선물할까?"

혜인이는 12월이 되면서부터 곰곰이 생각해 보았지만 마땅한 것이 없었습니다.

엄마가 꼭 필요한 것은 새 냉장고입니다. 산 지 10년이 넘은 냉장고는 전기값이 많이 나오고, 냉장실도 깡깡 얼어 반찬

거리를 못 쓰게 만들기 때문입니다.

"엄마, 두부가 왜 이래요?"

된장찌개에 든 두부에 뽕뽕 구멍이 뚫렸습니다.

"우리 냉장고는 파워가 세어서 막 얼잖니?"

엄마는 아무렇지도 않은 듯 가볍게 말했습니다. 두부를 건져 먹던 동생 혜민이는 얼굴을 잔뜩 찌푸렸습니다.

"무슨 두부 맛이 이래? 질기고 맛이 이상해."

엄마가 정말로 가지고 싶어하는 것은, 잡음이 없는 커다란 새 냉장고입니다. 물론, 혜인이는 그렇게 비싼 선물은 사 드릴 수가 없습니다.

아빠에게 가장 필요한 것은 새 자동차입니다. 3년 전부터 장사가 잘 되지 않아서 타시던 좋은 차를 팔았습니다. 그리고는 겉은 괜찮으나 속이 낡은 헌 차를 샀습니다.

"이 차는 너무 소리가 커. 그리고 너무 털털거려."

눈치 없는 혜민이는 차를 탈 때마다 불평했습니다.

아빠가 정말로 가지고 싶어하는 것은 스르르 미끄러지듯 달리는 새 차입니다. 물론, 혜인이는 그렇게 비싼 차를 선물할 수 없습니다.

엄마 아빠한테 꼭 필요한 것은 너무 비싸고, 또 돈에 맞는

것은 별 의미가 없는 선물들뿐입니다. 마음의 선물을 하라고
요? 그래요. 혜인이는 자신이 정성껏 그린 카드와 마음을 드
렸습니다.

"우리 혜인이 선물이 최고구나."

엄마 아빠는 기뻐하셨지요.

그런데 올해는 무엇인가 물건으로 선물해 드리고 싶습니다.
3년 전부터 너무 힘들어하시는 엄마 아빠를 활짝 웃게 만들,
꼭 필요한 선물 말입니다.

그 동안 모은 15,600원을 주머니에 넣고 백화점에도 가 보
고, 선물 전문점에도 가 보고, 슈퍼에도 가 보았습니다. 그러
나 엄마 아빠에게 꼭 필요한 돈에 맞는 물건은 없었습니다.

12월 24일.

'어쩌지? 오늘은 꼭 사야 하는데……'

낮에 터미널 근처 상가에도 가 보았지만, 빈손으로 돌아온
혜인이입니다.

저녁을 먹고 난 혜인이는 다시 한 번 상가에 나가 선물을
골라 보려고 자리에서 일어났습니다.

"엄마, 저 상희네 집에 가서 숙제할게요."

설거지하던 엄마가 가볍게 말렸습니다.

💙 혜인이는 왜 이번 크리스마스에는 엄마 아빠께
꼭 선물을 하고 싶어했나요?

"크리스마스 이브인데 어딜 가? 어지간하면 집에서 하렴."

"오늘 학교 방송을 못 들어서 그래요. 금방 하고 올게요."

"추우니깐 단단히 입고 가렴. 너무 늦게까지 남의 집에 폐 끼치지 말고."

"예, 엄마."

혜인이는 거짓말 한 것이 잠깐 마음에 걸렸지만 훌훌 털어 버리고 층계를 뛰어 내려갔습니다. 버스를 타고 큰 상가로 갈 생각에 마음이 급했습니다.

상가에서는 캐럴이 흥겹게 흘러 나오고, 오가는 사람들의 발걸음이 빨랐습니다.

"딸랑딸랑 딸랑딸랑."

구세군의 종 소리가 들려 왔습니다.

"불우한 이웃을 도웁시다! 연말 연시를 춥고 쓸쓸하게 지내는 우리 이웃을 도웁시다!"

구세군 세 명이 오가는 사람들에게 불우한 이웃을 돕자고 호소하고 있었습니다. 사람들은 더욱 발걸음을 빨리하여, 구세군의 자선 냄비 앞을 지나갔습니다.

"딱 딱 딱!"

구세군의 종 소리 사이로 이상한 다른 소리가 들려 왔습니다. 혜인이는 걸음을 멈추고, 소리나는 곳을 쳐다보았습니다.

구세군 냄비가 있는 맞은편에서 조금 떨어진 곳에, 스님 한 분이 모금함 앞에 서서 목탁을 두드리고 있었습니다.

'어머, 이상해? 한쪽은 구세군 냄비, 맞은편에는 스님.'

혜인이는 킥킥 웃으며 상가로 뛰어들어갔습니다.

불빛 아름다운 상가 안에 예쁘게 포장된 선물은 많았지만, 혜인이 마음에 꼭 드는 엄마 아빠 선물은 없었습니다. 위아래 층으로 몇 번 돌아다녔지만 소용 없었습니다.

상가 문 닫을 시간이 되었다는 방송이 울려 나왔습니다. 그러고 보니 사람들이 거의 다 나가고 몇 사람 없었습니다.

'할 수 없지 뭐. 집 앞 선물 코너로 가야겠다.'

혜인이는 종종걸음으로 상가를 빠져 나왔습니다.

"딸랑딸랑딸랑."

"불우한 이웃을 도웁시다!"

구세군 종 소리가 들려 왔습니다. 혜인이는 버스 정류장으로 가기 위해 구세군 쪽으로 걸어갔습니다.

"우리도 이제 그만 들어갑시다. 오늘도 추우신데 고생하셨습니다."

종을 치던 구세군 아저씨가 종을 내려놓았습니다.

"우리야 뭐 고생이어요? 그런데 경제가 어려운 탓인지 모금한 돈이 전 같지가 않습니다."

"날이 갈수록 모금액이 줄어드니……."

구세군 아저씨들은 조그만 소리로 걱정했습니다.

그 때, 혜인이 옆을 성큼성큼 스쳐 지나가는 사람이 있었습니다. 목탁을 두드리며 모금하던 스님이었습니다. 스님은 구세군에게 다가갔습니다. 혜인이는 호기심어린 눈으로 스님과 구세군을 바라보았습니다.

"추운데 고생 많으셨습니다."

스님은 인사를 하고는 하루 종일 추위에 떨면서 모금한

♥ 구세군과 스님을 보고 혜인이는 왜 웃었을까요?

돈을 구세군에게 내밀었습니다.

"이 돈도 그 냄비 속에 넣으세요."

구세군들은 순간 놀란 듯하더니 고개 숙여 스님께 인사하였습니다. 스님도 그들에게 고개 숙여 인사를 하고는 찬 겨울 바람 속으로 걸어갔습니다.

혜인이는 숨이 멈추는 것만 같았습니다.

잠시 후 혜인이는 짐을 꾸려 자리를 떠나는 구세군에게로 뛰어갔습니다.

"아저씨, 이 돈, 불쌍한 사람들을 위해 써 주세요."

혜인이는 며칠 동안 가지고 다녔던 돈을 모두 구세군 아저씨에게 주었습니다.

가난한 사람들은 두부가 어는 냉장고도 없을 것입니다. 가난한 사람들은 소리 요란한 차도 없을 것입니다.

혜인이가 오늘 있었던 이야기를 하면 엄마 아빠는 이 세상에서 가장 좋은 선물을 받았다고 기뻐하실 것입니다.

혜인이는 가슴 가득 차오르는 기쁨의 선물을 전하기 위해 버스 정류장을 향해 있는 힘을 다해 달렸습니다.

♥ 왜 오늘 있었던 이야기가 세상에서 가장 좋은 선물이 될까요?

우리는 우리 집안뿐만이 아니라 이웃의 가난하고 고통받는 사람들을 돕고
사랑해야 합니다.

우리 곁에는 불쌍한 이웃들도 많답니다.

# 명언 한 마디!

군자는 배불리 먹기를 구하지 않으며 편안히 거처하기를 구하지 아니하며, 일은 민첩히 하되 말은 삼가고 도를 좇아 스스로를 바로잡는다면 배우기 좋아하는 사람이라 할 수 있다.

- 공자 -

남을 위한다는 것은 결코 쉬운 일이 아닙니다. 그러나 사람의 욕심이란 끝이 없어서 욕심대로 다하고 나서 남을 돕겠다는 것은 모두가 거짓입니다. 작은 일이라도 남을 위하는 일이라면 무엇이든 좋습니다. 조금씩 하다 보면 언젠가는 큰 일도 이룰 수 있을 것입니다. 남을 돕고 위하는 사람들이 많아진다면 우리 사회는 더욱 행복하고 평화롭게 될 것입니다.

# 꿈

중국의 주나라에 많은 돈을 벌어 부자가 된 윤씨라는 사람이 살고 있었습니다.

윤씨는 많은 돈을 벌었지만 '바다는 채워도 사람의 욕심을 채울 수는 없다.'는 말처럼 좀더 많은 돈을 벌기 위해 아랫사람들을 괴롭혔습니다.

"일을 해, 일을. 이 게으름뱅이들아!"

"놀면서 밥만 축내는 거렁뱅이들 같으니라고!"

"이렇게 게으르니 항상 가난하지. 그러니깐 평생 남의 집에서 하인 일이나 하는 거야."

윤씨는 날만 새면 욕을 하고 하인들을 볶아댔습니다.

"제가 아파서 오늘은 하루 쉬었으면 합니다."

하인이 아파도 동정하는 법이 없었습니다.

"일을 안 하려면 굶어라. 일하지 않는 자에게 먹일 밥은 없다."

이렇게 거칠고 몰인정한 윤씨 밑에 나이 많은 할아버지 하인이 있었습니다.

할아버지는 힘이 부쳐서 끙끙 소리를 내면서 일을 했습니다. 그러나 얼굴은 항상 웃었고, 힘든 기색을 보이지 않았습니다.

"할아버지, 할아버지는 힘들지 않으세요? 항상 웃는 얼굴을 하시니……."

하인들은 할아버지를 이상하게 생각했습니다.

하인들은 난폭한 윤씨가 없으면 일을 하지 않았습니다. 주인이 없는 사이에 쉬지 않으면 그 힘든 일들을 견딜 수 없다고 생각했습니다.

할아버지만은 쉬지 않고 묵묵히 맡은 일을 계속했습니다.

"할아버지, 주인 없을 때 잠깐 쉬었다 하세요."

"그러세요. 그렇게 일하다간 병나신다고요."

♥ 윤씨와 할아버지의 성격을 각각 말해 보세요.

젊은 하인들이 딱해서 한 마디씩 했습니다.

"나는 괜찮네."

할아버지 얼굴에는 잔잔한 미소가 어렸습니다.

윤씨는 하인들을 혹독하게 몰아부쳐 날이 갈수록 더욱 부자가 되었습니다. 그런데도 마음은 조금도 편치 않았습니다. 그럴 수밖에 없는 것이 밤이면 밤마다 이상한 꿈에 시달렸기 때문입니다.

"이노옴 윤가야, 일을 해라, 일을 해!"

꿈 속에서 윤씨는 언제나 하인이 되어 있었습니다. 꿈속의 주인은 윤씨만큼이나 심보가 고약하여 하인들에게 함부로 대했습니다.

"일을 안 하려면 밥을 굶어!"

"이렇게 게을러 갖고 어떻게 먹고 사나? 게으름뱅이 같으니라고."

"이 곡식 가마니를 창고에다 쌓아라. 오늘 모두 해야 한다."

산처럼 쌓여 있는 곡식 가마니를 보니 기가 막혔습니다.

"이 많은 것을 어떻게 다 한단 말입니까?"

"어디서 감히 말대답을 하느냐?"

주인은 인정 사정 없이 매질을 하였습니다.

이렇게 밤새 얻어맞으면서 일하는 꿈을 꾸고 나면, 다음 날 아침에 온몸이 아프고 무겁게 늘어졌습니다. 몸과 마음이 늘 피곤하고 초조하고 짜증이 날로 늘기만 했습니다.

부인이 걱정되어 물었습니다.

"여보, 어디 아프세요?"

"말 시키지 마. 다 귀찮아."

힘없이 앉아 있던 윤씨는 마당에서 일하는 할아버지를 보았습니다.

'아니, 저 영감은 뭐가 좋아서 저렇게 얼굴 가득 웃음을 띠고 있을까? 저 나이에 가난뱅이로 하인 일을 하면서……'

윤씨는 틈이 있을 때마다 할아버지를 살펴보게 되었습니다. 아무리 힘든 일을 해도 할아버지의 얼굴에 가득한 웃음은 사라지질 않았습니다. 그럴 수밖에 없는 것이 할아버지도 밤이면 밤마다 이상한 꿈을 꾸었습니다.

"상감마마, 어깨를 주물러 드릴까요?"

"허허허, 그래라. 어깨가 아팠는데 네가 내 마음을 잘 아는구나."

할아버지는 꿈 속에서 언제나 임금님이 되었습니다.

"상감마마, 이것 좀 잡수어 보세요. 기운이 펄펄 난다는 동방에서 온 산삼이옵니다."

"그러냐? 내 요즘 기운이 없었는데 잘 되었구나. 어디 한번
먹어 보자."

비단옷과 좋은 음식에 아름다운 궁녀들이 옆에서 시중을
들었습니다.

"심심하신데 음악을 연주해 드리겠습니다."

아름다운 음악에 하늘하늘 춤까지 곁들인 잔치도 마음만
먹으면 얼마든지 열 수가 있었습니다. 그뿐이 아닙니다.

마음만 먹으면 경치 좋은 곳을 언제든지 여행할 수도 있었습니다. 이렇게 멋진 꿈을 꾸고 나니, 얼굴에는 언제나 웃음이 가득했습니다.

'나는 저 영감보다 훨씬 부자인데도 행복하지 않으니, 이것은 분명 무슨 이유가 있을 것이다.'

윤씨는 할아버지를 불러다 물어 보았습니다.

"할아버지는 고된 일을 하고 거친 음식을 먹으면서도 즐거워하는 이유가 무엇입니까?"

"저는 낮에는 주인 어른 밑에서 일을 하지만, 밤이면 꿈 속에서 임금님이 됩니다."

윤씨는 할아버지 말에 깜짝 놀랐습니다. 자신과는 반대의 꿈을 매일 꾸다니 이상하기만 했습니다.

"인생은 밤낮으로 반반 나뉘는데, 낮에는 하인 노릇을 하고 밤에는 임금님이 되니, 낮의 괴로움을 어찌 괴로움이라 원망하겠습니까? 낮은 낮대로 밤은 밤대로 다 뜻이 있는 삶입니다. 저는 하인으로 사는 낮 시간도 임금님으로 사는 법을 깨닫게 되었습니다."

"오호!"

윤씨는 할아버지의 말을 듣고 크게 깨달았습니다.

"오늘부터 할아버지의 일을 덜어 드리겠습니다. 아니,  다른 하인들도 전처럼 많은 일을 시키지 않겠습니다. 제가 할아버지 덕분에 큰 것을 배웠습니다."

그 날부터 윤씨의 태도가 바뀌었습니다.

하인들에게 일을 조금 시키는 것은 물론, 좋은 음식에 좋은 잠자리를 주려고 노력했습니다. 아픈 하인이 있으면 쉬게 하고 위로해 주었습니다. 사람들은 달라진 윤씨의 태도에 놀라고 기뻐하였습니다.

착한 일을 하자 밤마다 하인이 되어 힘들게 일하던 이상한 꿈을 더 이상 꾸지 않게 되었습니다. 윤씨의 고달픈 증세와 짜증은 어느 새 씻은 듯이 사라졌습니다. 윤씨는 행복해졌습니다.

이러한 '일꾼의 꿈'을 '역부지몽(役夫之夢)'이라고 합니다. 좀 어려운 말이지만 세상 부귀 영화가 꿈과 같다는 뜻입니다.

한 번뿐인 인생을 불평하고 짜증스럽게 살기보다는 어떤 어려움 속에서도 좌절하지 말고 더욱 힘써 일하여, 그 가운데서 참뜻을 찾아 열심히 사는 인생이 값지다는 것을 말해 주고 있습니다.

사람은 누구나 모자라게 태어납니다. 지식이든 재능이든 열심히 공부하여 채워야 합니다. 그래서 훌륭한 사람이 되어야 합니다.

할아버지
하는 일은
틀림없어

---

**인쇄일** | 2005년 6월 10일
**발행일** | 2005년 6월 20일

**기획** | 청소년인성문고편찬회
**글** | 김종상 소중애 송재찬 엄기원 정영애 홍기
**그린이** | 곽인종
**표지디자인** | 강대현

**펴낸이** | 조병철
**펴낸곳** | **한국독서지도회**
**등 록** | 1997년 4월 11일 (제406-2003-016호)
**주 소** | 경기도 파주시 교하읍 문발리
출판문화정보산업단지507-11
TEL | 031-955-8500
FAX | 031-955-8447
**홈페이지** | www.homebook.co.kr

---

◆ 이 책 내용의 일부 또는 전부를 사용하려면 반드시
저작권자의 동의를 얻어야 합니다.
◆ 책값은 뒤표지에 있습니다. 잘못된 책은 바꾸어 드립니다.
ⓒ 2005 한국독서지도회
ISBN 89-7788-278-8